서른에 시작하는
30일 사주명리

서른에 시작하는 30일 사주명리
사주명리가 처음인 당신을 위한 안내서

펴낸날 2025년 12월 20일

| 글 | 이지형 |

편집	황지희
디자인	황지희, 이원우
마케팅	강유은, 박유진
제작·관리	정수진

펴낸이 정종호
펴낸곳 (주)청어람미디어 임프린트 IKKI
등록 1998년 12월 8일 제22-1469호
주소 07292 서울시 영등포구 당산동1가 459 생각공장당산 제8층 제비810호
전화 02-3143-4006~8 | 팩스 02-3143-4003
이메일 ikki@ikki.kr
ISBN 979-11-5871-290-7 03180

서른에 시작하는
30일 사주명리

사주명리가 처음인 당신을 위한 안내서

이지형 지음

IKKI

프롤로그

거스르는 삶, 내맡기는 삶

강원도 양양의 남대천에서 태어나 북태평양의 베링해에서 한세월 보내고 돌아오는 연어의 삶은 거스르는 삶이다. 삼십 년 전 한 가수가 강렬한 샤우팅으로 불굴의 말년을 노래하면서, 연어는 반항적 삶의 상징이 됐다.

연어는 긴 여행 끝에 남대천으로 돌아온다. 아래로 내리치는 격류를 들이받으며 자신이 태어난 곳을 향해 치솟는다. 노랫말처럼 '거꾸로 강을 거슬러 올라가는 저 힘찬 연어'가 된다. 그런데 연어의 삶은 과연 치받는 삶, 거스르는 삶일까.

태어나고 6개월쯤 지나 아직 어린 연어는 바다로 나간다. 긴장한 채, 길게는 4년의 북태평양 여행을 시작한다. 너무나 멀어 상상해 본 적 없는 베링해의 어느 해안을 찍은 뒤에야, 뫼비우스의 띠를 타고 넘듯 시작점으로 회귀한다. 2만 킬로미터의 여정을 끝내고 늦가을의 남대천으로 돌아와 솟구치고 또 솟구친다.

우리는 그때 연어의 용틀임만을 노래한다. 하지만 연어의 진짜 삶은 북태평양 망망대해 위에 있다. 끝없이 펼쳐진 파도에 몸을 실은 유영(遊泳)이 그의 진짜 삶이다. 황량하고 거친 바다에서 몸부림쳐서는 살아남지 못한다. 거스르는 자는 보복당한다. 연어의 삶은 온전히 내맡기는 삶이다.

삶은 누구에게나 고해(苦海), 고난의 망망대해다. 우리가 사주라고도 부르고, 팔자라고도 부르는 운명은 바다 위에 새겨진 파도의 무늬 같은 것들이다. 잠시 잊을 순 있지만 한시도 떨쳐낼 수 없는 운명의 파동, 숙명의 그물망이 있다.

그 속에서 거스르며 살아갈지 내맡기며 살아갈지, 이어질 30일간의 공부를 통해 생각해 보았으면 한다. 그전에 잠깐, 지금도 차고 거친 바다 위를 떠돌고 있을 연어들에게 위로를 건넨다.

수줍은 꽃들, 찬란한 봄을 기다리며
이지형 드림

차례

프롤로그 거스르는 삶, 내맡기는 삶 | 4

1부 | 오행

첫째 날 산에서 길을 잃다 | 11
둘째 날 무기력한 피카소, 초조한 헵번 | 20
셋째 날 삶의 비밀을 간직한 여덟 글자 | 32
넷째 날 명리의 고수가 당황한 이유 | 45
다섯째 날 오이디푸스와 신의 주사위 | 58

2부 | 사주

여섯째 날 복잡할 게 없다 | 67
일곱째 날 천 년 전의 폭탄선언 | 76
여덟째 날 그날, 사주의 탄생 | 84
아홉째 날 십신, 용신, 부적 | 98
열째 날 냉혹하고 불행했던 그 사람 | 109

3부 | 진화

열한째 날 51만 8,400개의 운명 | 119
열두째 날 사주도 유행을 탄다 | 126
열셋째 날 역마, 도화, 화개 | 133
열넷째 날 사랑의 수난사 | 142
열다섯째 날 재앙은 12년에 한 번씩? | 152

4부 | 대운

열여섯째 날 6개월이면 반전 | 163

열일곱째 날 파란만장 | 174

열여덟째 날 대운, 삶을 물들이다 | 179

열아홉째 날 당신은 지금 어느 계절에? | 188

스무째 날 나의 전투, 너의 전투 | 196

5부 | 위로

스물한째 날 사주, 믿어도 될까? | 209

스물두째 날 치명적 결함 | 220

스물셋째 날 천 년의 지혜 그리고 위로 | 227

스물넷째 날 합리적이어서 행복한가? | 231

스물다섯째 날 땅 쓸고 꽃잎 떨어지기 기다리네 | 243

6부 | 운명

스물여섯째 날 운명을 바꾼 사람 | 255

스물일곱째 날 사주팔자의 한계를 넘어 | 259

스물여덟째 날 운명을 뛰어넘는 5가지 방법 | 266

스물아홉째 날 행복한 시지프 | 273

서른째 날 꽃들의 운명, 풀들의 운명 | 279

부록 만세력으로 비교해 보는 12명의 사주 | 285

1부

오행

첫째 날 ─────────────────

산에서 길을 잃다

살면서 한두 번쯤 기묘한 인연을 만난다.

십 년 전에도 그랬다.

산에서 길을 잃었다. 그리 큰 산이 아니었고, 누가 쫓아오는 것도 아니었는데, 길도 아닌 곳으로 혼자 서두르다가 오지도 가지도 못하게 됐다.

힘든 일은 늘 겹친다. 비 온 뒤 산길은 미끄러웠다. 어쩌다 보니 앞뒤로 등산로가 끊긴 곳에서 고립되고 말았다. 겨우 쭈그리고 앉을 비좁은 공간에 서서 당황하고 있는데 바위 밑에 숨었던 벌들이 튀어나와 몸 이곳저곳을 쏘아댔다.

작은 벌들이어서 그나마 다행이었지만 공황 상태에 빠졌다. 정신이 하나도 없었다. 구조대에 연락했다. 반응이 뜨뜻미지근하다. 핸드폰의 위치정보시스템(GPS)으로 내 위치를 확인한, 전화 너머 구조대의 목소리에는 무언가 황당해하는 느낌이 묻어났다.

"선생님, 거기 등산로 바로 옆인데요."

"네에?"

나중에 보니 틀린 말이 아니었지만, 그땐 몰랐다. 그리고 등산로가 가깝다고 해도 고립된 건 사실이었고 위험했던 것도 맞다. 눈에 보이는 길은 끊겼고, 벌은 사라졌지만 그들의 거처가 발밑이었다. 구조대원들은 출동 계획을 알려왔지만, 두세 시간은 걸릴 것이란 단서를 달았다.

올라온 길이니 내려갈 수도 있지 않으냐 말할지 모르지만, 그게 그렇지 않았다. 무리해서 올라온 길은 급경사였고, 전날의 비로 인해 심히 미끄러웠다. 올라왔다고 다 내려갈 수 있는 건 아니다. 내겐 정말 심각한 조난의 상황이었다.

시간이 얼마나 지났을까.

일생일대의 만남은 그렇게 황망할 때 온다.

사방으로 길이 끊긴 줄 알았는데, 오른쪽 위 무성한 나무들 사이로 인기척이 들렸다. 나는 화들짝 놀라며 소리쳤다.

"어, 누구 계세요? 저 좀 도와주세요."

그를 뭐라 부를까. 현인이라 할까, 도인이라 할까. 십 년 전 만남은 사고이면서 은총이었다. 그는 나무 사이로 몸을 드러냈고, 아무렇지도 않게 스윽 구원의 손길을 내밀었다. 나는 희한할 정도로 고운 그의 손을 잡고 구조대원의 말대로 조난장소 '바로 옆에 있던' 등산로로 진입했다. 구조대에도 '구조된 사실'을 알리고, 이른 아침의 소란에 대해 여러 번 사과했다.

나를 구조한 현인은 외양으론 평범한 등산객이었다. 아니, 간소한 등산화를 빼면 등산객이라기보다 산책 나온 사람에 가까웠다. 편한 옷차림이었고, 표정은 그보다도 훨씬 편했다.

그와 말을 몇 마디 나눠보곤 직감했다.

보통 사람이 아니구나…….

이후 맑은 얼굴의 그와 대여섯 시간에 걸친 동반 산행이 시작됐는데, 그는 얼굴에 나타난 도인의 인상처럼 실제 '도를 닦은' 사람이었다.

이른바 명리(命理)에 능했다.

자신을 그저 '백(白)'이라고만 밝힌 그는 그날 산속에서 내게, 운명에 관해, 들어본 적 없는 진진한 얘기들을 들려주었다. 나를 구조해준 직후, 그는 내 얼굴에서 삶의 불안을 읽었다고 했다. 조난으로 인한 불안이 아니라, 산 아래 삶을 관통하고 있을 불안이었다. 그는 조용한 목소리와 잔잔한 사연들로 내 불안을 어루만졌다. 깊은 산속, 운명에 관한 두 사람의 대화는 그렇게 시작됐다.

산에서 그가 들려준 운명 이야기엔 남다른 데가 있었다. 이야기는 그의 표정처럼 평화로웠고, 홀연히 나타난 그의 존재처럼 난데없었다. 이야기 중에는 사주명리(四柱命理)에 관한 것도 몇몇 있었는데 더할 나위 없이 간결하고 명료했다.

그의 이야기를 세 가지 정도로 정리할 수 있을 것 같다. 세 가지 이야기는 앞으로 30일에 걸쳐 함께 나눌 사주론의 큰 맥락이기도 하다. 사주에 관한 산정휴담(山頂休談)을 기억에 의존해 내 식대로 요약하면 이렇다.

- 사주는 운명론 이전에 분류의 기술이다.
- 사주의 용어들을 기호나 상징으로 보고 '해석'할 때 풍성한 세계가 열린다.
- 누군가의 운명에 관한 이야기는 이론을 넘어 처방이어야 한다.

세 명제를 적당한 분량으로 풀어헤치는 것으로, 첫째 날의 공부를 시작하면 되겠다.

운명론 이전에 분류의 기술

언젠가 인공지능(AI) 전문가와 길게 이야기를 나눌 기회가 있었다. 그는 AI의 진화 경로를 사람의 사유에 빗대 설명했다. 사람의 생각이란 건 도대체 뭘까. 뇌가 주로 하는 일은 무얼까. 그는 분류(classification)를 얘기했다.

일상을 살면서 사람들은 끊임없이 분류한다. 하늘과 땅, 식물과 동물, 물과 불, 먹을 수 있는 것과 먹을 수 없는 것, 나에게 이로운 것과 해로운 것, 아름다운 것과 추한 것……. 분류는 끝없다. 우리는 끊임없이 기준을 만들고 그 기준에 따라 세상을 구획한다.

분류 외에 또 무슨 일을 할까. 사람들은 자신의 뇌로 미래를 예측(prediction)한다. 앞으로 어떤 일이 일어날까, 어떻게 대비해야 할까 궁리한다. 예측을 통해 불안을 잠재운다. 살면서 불안하지 않은 사람 없고, 예측하지 않는 사람 없다.

AI의 진화도 그랬다. 초창기에 분류형 모델이 나왔고, 이후 예측 모델이 등장했다. 세 번째 단계가 추론(reasoning) 모델이다. 자신에게 주어진 문장들로 존재하지 않았던 문장들을 생성해 낸다. 그게 우리 시대가 열광하는 지피티(GPT, Generative Pre-trained Transformer)다. 제너레이티브(Generative)에 생성의 의미가 담겼다. 사전에 학습된 재료들로, 학습 중에 보지 못한 문장이나 표현을 새롭게 조합해 내는 AI다.

AI 전문가의 설명은 잊어도 좋다. 사람의 지능과 인공의 지능을 함께 연구한 이의 설명을 통해 하고 싶은 이야기는 딴 게 아니다.

분류는 인간의 기본적인 행동이고, 인간의 운명에 관해 얘기하는 사주도 사실은 분류의 기술이란 얘기다. 사주는 분류라는, 인간의 원초적 욕구를 반영하는 고안물이다. 인공지능의 발전 과정처럼 분류가 먼저고, 예측은 그 다음이다.

그런데 뭘 분류할까.

사주는 사람의 성격과 성향을 분류한다. 그게 사주의 출발점이다. 그런데 그 방식이 자연 친화적이다. 예컨대 이런 식이다.

나무 같은 사람이 있고, 불 같은 사람이 있다. 흙 같은 사람이 있고, 쇠 같은 사람이 있으며, 물 같은 사람도 있다. 우리 시대의 강력한 인간 분류 툴(tool)인 MBTI의 방법에 비해 너무 원시적일까. 그건 재봐야 안다. 천천히 살펴볼 일이지만 사주는 호락호락한 체계가 아니다.

그보다 사주의 본질이 분류에 있다는 사실을 아는 게 중요하다. 우리가 사주를 난해하다고 생각하는 이유는 "사주는 운명론"이란 가정에서 공부를 시작하기 때문이다.

사주는 물론 운명에 관한 이야기다. 그러나 선후를 따지자면 사주는 운명론이기에 앞서 분류의 기술이다. 한 사람의 일생을 어떤 카테고리에 넣을지 결정하는 게 사주의 기본이다. 사주는 분류다.

특히 초심자들은 처음부터 운명이라는 거창하면서도 거대한 문제에 매달렸다간 곧장 미궁에 빠진다.

사주의 용어들은 해석을 기다린다

산에서 만난 현인의 이야기 중에 짧지만 강렬했던 또 하나가 '해석'에 관한 것이다. 그는 사주의 어려운 용어들에 겁을 먹지도 놀아나지도 말라고 했다. 사주에는 현대인들이 쉽게 알 수 없는 용어들이 잔뜩 등장한다. 오행(五行)부터 시작해 십신(十神), 용신(用神), 인성(印星), 비견(比肩), 식신(食神), 재성(財星), 관성(官星), 역마살(驛馬煞), 도화살(桃花煞), 화개살(華蓋煞)까지 한자로 된 용어들이 숱하다.

그런 용어들이 어려운 건, 우선 지난 시대의 말들이기 때문이다. 천년 전의 단어들로 만들어진 천 년 전의 개념들이 요즘 사람들에게 쉽게 해독될 리 없다.

일단 한자어들 자체가 낯설다. 거기에 용어의 함축성이 가세한다. 사주의 용어는 기호나 상징처럼, 애매하고 모호한 인간의 조건과 상황들을 제 속에 붙잡아 두고 있다.

우리는 그걸 '해석'하며 한 걸음씩 나아가야 한다. 현대적인 때론 파격적인 해석을 통해서만 그 속에 감추어진 풍성한 세계를 드러낼 수 있다. 뜬구름 잡는 얘기일 수 있으니, 실전으로 해결하자.

새로운 체계 하나를 아는 건 새로운 용어들과 만나고 그들과 친해지는 일이다. 서른 날에 걸쳐 공부하는 동안, 내내 해야 할 일이기도 하다. 새롭게 만나는 용어들은 고고학의 유물처럼 생각하면 된다. 고고학자들은 다양한 지층에서 나온 유물을 요리조리 뜯어본다. 사주의 용어도 마찬가지다. 용어들이 만들어진 당대의 삶을 배경으로 당시의 쓰임새를 상상해 봐야 한다.

운명에 관한 이야기는 처방이어야 한다

마지막으로 사주는 이론을 넘어 처방이어야 한다. 운명은 언제나 '누군가의' 운명이다. 일반적인 운명이란 존재하지 않거나, 실체를 갖지 못한다. 운명은 늘 누군가의, 그러니까 특정한 누군가의 운명이다.

운명이 추상적이고 일반적인 의미의 운명이 아니라 누군가의 운명이라면, 사주는 그 누군가가 험난한 세상을 잘 살아내기 위한 처방을 제시해야 한다.

그에게 부과된 '운명에도 불구하고' 온전히 살아내는 방법을 알려줘야 한다. '운명을 떠안고도' 제대로 살아낼 방도를 일러줘야 한다. '운명에 맞서서' 또는 '운명과 함께' 이 세상을 살아갈 처방을 제시해야 사주의 존재 가치가 있다.

언젠가 서양 철학사를 읽으면서, 거기에 등장하는 수많은 철학자의 주장이 어쩌면 죄다 행복론인 건 아닐까 생각했다. 서양 철학은 지금의 튀르키예에 해당하는 지중해 동안에 살던 자연철학자들이 촉발하고, 이후 지중해의 빛과 바람을 따라 서진(西進)하던 일군의 몽상가들이 발전시켰다. 그런데 소피스트와 소크라테스와 플라톤에서 시작한 철학이 2,500년에 걸쳐 변화를 거듭하면서 만들어 낸 건 현란한 개념들의 잔치일 뿐일까.

일상의 온갖 욕망과 몽상과 회한이 고도로 추상화되었지만, 철학자들이 만들어 낸 개념 속에는 오늘 하루 행복하고 싶었던 바닷가 사람들의 소박한 눈빛이 여전히 녹아 있을 거라 믿는다.

하물며 그보다 훨씬 끈끈하게 우리의 삶에 밀착한 사주명리의 이야기라면……. 천 년 넘게 사람들의 희로애락과 함께하며 만들어진 이야기와 그에 관한 해설들이 행복하고 싶은 사람들의 욕망 외에 무얼 겨냥할 수 있을까.

그래서 이제부터 이어질 사주 이야기는, 하나도 빠짐없이 평범한 사람들의 행복을 위한 처방 또는 레시피가 되어야 한다고 생각한다. 오랜 세월에 걸쳐 만들어진 사주 체계의 전문 용어 뒤에 숨은 '행복의 욕망'을 부디 놓치지 말자고 다짐하면서, 둘째 날 공부로 넘어간다.

둘째 날

무기력한 피카소, 초조한 헵번

젊은 날에는 이런저런 생업에 열심이었다. 언젠가는 조그만 언론사에서 취재본부장으로 일하기도 했다. 어느 하루, 함께 일하는 후배가 잡아놓은 약속이 있어 서울 광화문 시내로 점심을 먹으러 나갔다. 건강 관련 스타트업을 이끄는 사업가 한 분과 약속을 잡아둔 상태였다.

그는 명문대를 나온 의사였지만, 병원에서 일하는 대신 사업을 택했다. 좁은 진료실에 갇혀 환자를 만나고 있을 팔자가 아니었다. 굳이 열어보지 않았지만, 그의 사주엔 사업으로 일가를 이루려는 재성(財星)의 야망에, 목화통명(木火通明)의 기운이 뒤섞였을 것이다.

목화통명은 사상가나 예술가의 사주에 흔하다. 불과 나무의 조합이다. 불(火)은 총명함을 뜻한다. 그런데 불을 지펴줄 땔감(木)까지 함께 가졌으니 그 총명함이 어떻겠나. 그의 사주엔 역마의 기운도 숨었을 것이다. 역마를 가진 이들은 한 직장에 머물지 않는다. 아니, 머물지 못한다.

그가 운영하는 사업은 '웰니스 큐레이션'을 표방한다. 사람들의 건강을 위해 정보를 제공하고 다이어트를 위해 먹어야 할 음식에 관한 컨설팅도 해준다. 그러니까 잘 먹고 잘 살기 위해 어떤 운동을 하고 어떤 음식을 먹어야 하는지 종합적으로 알려주는 플랫폼을 운영하는 기업이다.

그를 만나기 전 회사의 홈페이지에 들어가 봤다. 간단한 설문을 제시하고 있길래 재미 삼아 답을 해봤다. 직장과 일상에 관해 묻더니, 내가 파악한 나의 성향 그리고 나만의 건강관리법도 궁금해한다. 설문을 통해 파악한 사람의 유형을 개인 맞춤형 큐레이션의 기본 재료로 활용하는 듯했다. 개인의 유형에 따라 그에게 맞는 영양, 운동, 스트레스 관리 전략을 알려주는 것이다.

자, 나는 설문을 통해 어떤 인간 유형으로 분류됐을까.

'야근하는 햄릿'이었다.

이 회사가 제시하는 여섯 가지의 사람 분류는 무척 재미있다.

무기력한 피카소, 야근하는 햄릿, 칼퇴하는 데카르트, 피곤한 마릴린 먼로, 회식하는 돈키호테, 초조한 오드리 헵번

장난스럽다. 하지만 그럴듯하다. 의사 출신의 사업가는 누구나 알 수 있는 예술가, 철학자, 배우, 문학 속의 캐릭터로 직관적이고 즉각적인 사람 분류를 만들어 냈다.

피카소는 정열적인 예술혼을 지녔다. 햄릿은 끊임없이 고뇌한다. 데카르트는 주위의 모든 걸 의심하는 신중형이다. 마릴린 먼로는 환한 미소로 시대를 밝혔다. 돈키호테는 때와 장소를 가리지 않고 높은 이상과 자기만족을 함께 품고 산다. 오드리 헵번은 발랄하고 깜찍한 여성의 이미지를 상징한다.

강렬한 카리스마를 가진 여섯 명의 인물에 때론 초조하고, 때론 피곤하고, 때론 무기력한 특성들을 보태면서 캐릭터가 풍성해졌다. 칼퇴하는 데카르트, 회식하는 돈키호테라니…….

평소엔 '역동적인' 피카소가 무기력해지고, 안 그래도 괴로운 햄릿은 야근으로 인해 '고뇌와 번민'이 심해졌다. '냉철'을 강조하는 데카르트의 캐릭터는 무슨 일이 있어도 정시에 맞추어 일을 마치는 '칼퇴근'을 통해 강화된다. 늘 환히 웃는 먼로는 약물 탓에 피곤한 걸까. 돈키호테는 사람들과 식사하며 떠드는 중이고, 오드리 헵번은 새로운 연애라도 시작했는지 초조한 상황이다.

그래서 설문의 결론은 피카소의 건강법, 마릴린 먼로의 건강법, 햄릿의 건강법이 따로 있으니 각각의 특성에 맞는 처방을 따르라는 것이지만, 물론 내 관심사는 다른 곳에 있었다. 이 회사의 '사람 분류' 그 자체였다.

그런데 한 사업가의 파격적 인간 분류가 아니어도, 세상엔 저마다 한 시절을 풍미했던 고전적 사람 분류법이 존재했다. 그렇게 시대를 석권했던 대표적 분류의 기술들을 짚어본 후에 사주의 분류 방식에 대해 알아보도록 하자.

몸속 액체에 따른 성격 구분

요즘엔 다들 MBTI를 얘기하지만, 천년 세월의 맥락에서 보면 MBTI도 한때의 유행일 뿐이다. 천년 얘기를 그냥 꺼낸 건 아니다. 사주 때문에 꺼냈다.

사주는 다양한 변화를 겪으면서 지금 모습을 이뤘지만, 전체 역사를 따지면 천년을 훌쩍 넘긴다. 그 긴 세월 동안 살아남은 건 기적적인 일이다.

그렇게 사라진 것들 가운데 하나가 혈액형별 성격 진단이다. 십 년 전, 이십 년 전엔 다들 혈액형에 무언가 엄청난 비밀이 숨겨져 있는 것처럼 얘기했다. 하지만 요즘은 혈액형과 성격을 연결해 얘기하는 사람이 드물다. 일본에서 시작된 이론인데, 이젠 근거 없는 유사 과학으로 분류될 뿐이다.

그렇게 구문이 된 혈액형별 성격처럼, 요즘은 잘 쓰이지 않는 말 중 하나가 미팅이다. 혈액형별 성격 진단이 유행하던 시절엔 청춘들이 두 명씩 또는 세 명씩 짝을 지어 만났다. 그런 만남을 남녀가 일대일로 만나는 소개팅과 분리해 미팅이라 불렀다. 그 시절, 미팅과 혈액형별 성격 진단은 시대의 풍경을 보여주는 조합이었다.

남녀가 처음 만나면 어색하다. 둘은 이런저런 잡담 끝에 어느 동네에서 자랐는지, 어느 학교를 나왔는지, 취미는 무언지 묻고 답한다. 그러다가 갑자기 침묵이 찾아온다. 그때쯤 남자가 혈액형 얘기를 꺼낸다.
"그런데 혹시 혈액형이 뭐예요?"
"O형이요."
"그러실 것 같았어요. 다정다감해 보이시고, 모난 데 없으시고, 그런데 좀 결정을 빨리 못 내리고 그러지 않나요?"
"어? 정말 그런 편인데, 신기해요."
그런데 혈액형 때문에 분위기를 망치는 경우도 허다했다. 고향, 학교, 취미에 관한 대화를 지나 다시 침묵이 찾아왔을 때, 남자가 여자에게 묻는다.
"AB형이죠?"
"네? 제가 사이코 같단 말이죠?"
여성이 화를 내면서 휙 나가버리더라는 식의 일화가 흔했다.
고색창연한 유머이지만, 그 시절엔 그렇게 다들 혈액형에 진지했다. 자기 혈액형을 모르는 사람 없었고, 혈액형에 따른 성격도 많은 사람이 알았다.

혈액형도 MBTI처럼 네 가지 카테고리를 활용한다. A, B, O, AB형 그렇게 넷이다. 혈액형에 따른 구체적 성격 해설엔 여러 가지 버전이 있는데, 대개 A형과 B형을 두 축으로 삼았다. 이런 식이다.

A형은 소심하고 내성적이다. B형은 대담하고 외향적이다. 여기에 내성·외향 어느 한쪽에 치우치지 않고 원만한 O형이 가세한다. 그리고 마지막으로 문제의 AB형이다. AB형은 소심한 A형과 거침없는 B형의 혼합이다. 그런데 미완성의 혼합이다. 소심했다 거침없다 하면서 정신이 없다. 변덕이 심한 스타일이다.

이젠 추억이 됐지만, 혈액형에 따른 성격 구분은 아주 오래된 기원을 갖는다. 몸속을 흐르는 체액에 따라 사람의 체질이 달라진다는 발상은 고대 그리스에도 있었다. 바로 '4체액설'이다.

우리 몸속의 체액이 네 가지로 구분된다고 고대 그리스인들은 생각했다. 혈액(blood), 황담액(yellow bile), 흑담액(black bile), 점액(phlegm) 네 가지다. 네 가지 체액은 계절에 따라 돌아가며 비중이 높아졌다. 따뜻한 혈액은 봄에, 습한 황담액은 여름에, 건조한 흑담액은 가을에, 차가운 점액은 겨울에 증가했다.

현대 의학의 관점에선 체액설 자체가 무의미하지만, 고대엔 체액의 비중에 따라 한 사람의 체질이 결정됐다. 체액의 균형을 맞추는 게 중요한 건강관리법이었다.

그러나 사람들은 생각보다 아주 쉽게 이론을 만들어 낸다. 시대에 따라 천차만별이지만, 체액에서 성격에 이르는 길은 대강 계절을 연결고리로 삼아 이 정도로 정리해 두면 큰 탈 없을 것 같다. 혈액형별 성격이 그렇듯, 어차피 정답도 없고 증명도 있을 수 없는 일이다.

혈액: 봄, 온화
황담액: 여름, 정열
흑담액: 가을, 우울
점액: 겨울, 냉정

이제는 사라진 4체액설과 혈액형 맞춤형 성격 진단에 관한 이야기를 끝내기 전 알아둘 게 있다. 무기력한 피카소에서 야근하는 햄릿을 거쳐 초조한 오드리 헵번에 이르는 웰니스 컨설팅 기업의 성격 진단 설문은 '나에 대한 나의 판단'에 의존했다. 혈액형 맞춤 성격 진단 체계는 '나의 생물학적 특성'를 재료로 삼았다.

그런 맥락을 고려하면서 이 시대의 압도적 유행인 MBTI, 천년 세월을 살아남은 사주 체계의 분류를 살펴보자.

우리 시대의 사람 분류법 MBTI

혈액형별 성격이 사라진 자리를 MBTI가 대체했다. 예전엔 "O형이죠?" "AB형이죠?"라고 물었다. 요즘엔 용어도, 말투도 훨씬 간단해졌다.

"T?"

"F?"

MBTI는 임상 심리에서 '성격 유형'을 검사할 때 쓰이던 방법이다. MBTI는 사람의 성향을 네 가지 지표로 파악한다. 한 지표마다 대립하는 두 개의 성향이 존재한다. 첫 번째 지표에선 내향(I)과 외향(E)이 대립한다. 이어 직관(N)과 감각(S), 감정(F)과 사고(T), 즉흥(P)과 계획(J)의 성향이 대립한다.

선호하는 세계: 내향(Introversion) 외향(Extroversion)

이해하는 방식: 직관(iNtuition) 감각(Sensing)

판단하는 기준: 감정(Feeling) 사고(Thinking)

생활하는 방식: 즉흥(Perceiving) 계획(Judging)

그런데 네 개의 지표가 대단히 애매하다. 선호하는 세계란 말은 무슨 뜻인지 알기 어렵다. 또 이해하는 방식과 판단하는 기준은 뭐가 다른지도 모르겠다. 애초 설정된 카테고리 자체도 다소 애매하고, 번역 과정에서 혼선도 있었을 것 같다.

그래서 MBTI에 관해 설명해야 할 경우, 네 개의 카테고리를 내 버전으로 바꾸어 제시한다. 표현이 다를 뿐 속내를 살피면 같은 얘기다. 구미에 맞게 활용하면 될 것 같다.

나를 향한 태도: 내향(**I**ntroversion) 외향(**E**xtroversion)

세상을 대하는 태도: 직관(i**N**tuition) 감각(**S**ensing)

타인을 향한 태도: 감정(**F**eeling) 사고(**T**hinking)

일상을 대하는 태도: 즉흥(**P**erceiving) 계획(**J**udging)

MBTI의 매력은 네 가지 카테고리를 조합하는 방식으로 복합적인 사람의 성향을 묘사한다는 점이다. 내향적이면서(I) 세상을 직관적으로 파악하고(N) 타인을 감성적으로 대하며(F) 일상을 즉흥적으로 사는(P) 사람이 있다(INFP). 반대편에 외향적이면서(E) 세상을 경험에 충실하게 대하고(S) 타인을 계산적으로 대하며(T) 계획적인 일상을 사는(J) 사람이 있다(ESTJ).

MBTI는 이런 조합 16가지를 제시한다. 그중 대표적인 조합들이 몇 개 있다.

INFP 조용한 관종, ESTJ 엄격한 관리자, ISFP 호기심 많은 예술가,

INTP 논리적인 사색가, ESFP 자유로운 영혼

MBTI는 '마이어스-브릭스 유형 지표(Myers-Briggs Type Indicator)'의 약자다. 마이어스-브릭스는 두 심리학자의 이름이다. 캐서린 쿡 브릭스가 엄마, 이사벨 브릭스 마이어스가 딸이다. 모녀는 이 지표를 제2차 세계대전이 벌어지고 있던 1940년대에 만들어 공개했다. 20세기 전반 정신분석의 대가로 꼽히는 칼 융의 이론에 기반해 만들었다는 설명이다.

MBTI 역시 설문을 활용한다. 내가 나라는 사람을 어떻게 평가하고 있는지가 내 MBTI를 결정한다.

그런데 MBTI에 열광하면서 우리는 한 번쯤 진지하게 물어야 한다. 내가 생각하는 나는 정말 내가 맞을까.

17세기 프랑스의 철학자 르네 데카르트(1596~1650)는 말했다. 나는 생각한다, 그래서 나는 존재한다……. 데카르트의 말에 동의한다면, '지금 생각하고 있는 나'가 나다. 이 경우에도 '생각의 대상인 나'와 '생각하는 나' 사이엔 차이가 있다.

그런데 20세기의 걸출한 정신분석학자인 자크 라캉(1901~1981)은 이런 말을 했다.

이 자리에서 라캉의 깊은 속내를 따질 건 아니다. 그저 내가 생각하는 나는 허상일 가능성이 크고, 나아가 내 생각을 통해 나에게 이르는 일 자체가 불가능할 수도 있단 것이다.

내 자신의 자가 설문으로 나를 파악할 수 있을까.

MBTI를 과연 믿어도 될까.

몇 년 전 〈스켑틱〉이란 학술지엔 「너무 복잡한 인간, 너무 단순한 MBTI」란 전문가의 칼럼이 실렸다. MBTI의 한계를 조목조목 짚은 글이다. 이 칼럼은 마이어스-브릭스 모녀의 지표가 너무 주관적이라고 비판했다. "객관적인 데이터를 통해 검증되었다기보다 내적 추론을 통해 탄생한 이론"이라는 것이다.

사주의 열 가지 인간 유형

이제 사주가 사람을 어떻게 분류하는지 얘기할 차례다. 천년 세월을 견딘 사주는 사람을 어떻게 분류할까. 사주를 어느 쪽에서 접근할지, 어느 곳에서 시작할지에 따라 다르지만, 이런 분류도 가능하다. 사주에 등장하는 열 가지 인간 유형이다.

솟아오르는 나무, 가녀린 풀, 작열하는 태양, 고요한 촛불, 광활한 사막, 비옥한 토지, 거대한 광산, 예리한 칼, 드넓은 바다, 은은한 시냇물

혈액형, MBTI와는 사뭇 다른 분류다. 사람을 나무와 풀과 태양과 사막과 바다에 비유한다. 무슨 뜻인지 복잡하게 생각할 필요 없다. 나무처럼 꿋꿋한 사람이 있는가 하면, 예리한 칼처럼 냉정한 사람도 있고, 드넓은 바다처럼 세상과 주변을 품을 줄 아는 사람도 있다. 이 세상 사람들을 은유하고 있는 풍경을 즐기다 보면, 사주의 실체가 서서히 떠오른다.

이제부터 천년 세월을 견딘 동아시아의 대표 운명론인 사주의 내부로 잠입해 보자. 사주의 열 가지 사람 분류는 압축과 확장을 거듭하며, 이어지는 강의에 끊임없이 등장한다.

셋째 날 ─────────────────────

삶의 비밀을 간직한 여덟 글자

사주는 팔자(八字)란 말과 붙어 다닌다. 팔자에 관해 우리는 어떤 말들을 할까.

> 그놈의 팔자하고는, 팔자가 늘어졌구나, 팔자 변하는 건 시간문제야, 팔자 한번 더럽게 사납네, 그 사람은 어쩜 그리 타고난 팔자가 좋아, 팔자는 알 수 없다!

맞다. 정말 알 수 없는 게 사람 팔자다. 그런데 팔자는 무슨 뜻일까. 국립국어원의 《표준국어대사전》은 팔자를 '사람의 한평생 운수'라고 푼다. 운수란 말에는 나 스스로 어찌할 수 없다는 뜻이 포함돼 있다.

그러니까 팔자는 운명이란 말과 같다.

아니, 비슷하지만 같지는 않다. 팔자는 운명이란 단어가 담지 못하는 삶의 희로애락을 품는다. 수천 년에 걸친 필부필부(匹夫匹婦)의 고단한 삶이 아로새겨져 있다.

팔자가 거리의 용어라면 운명은 책 속의 용어다. 팔자가 민중들의 탄식을 담는다면 운명은 기껏해야 지식인들의 철학적 곤란을 담을 뿐이다. 팔자에는 '사납다'는 관형어를 붙일 수 있으나, 운명에는 붙일 수 없다. 붙일 수는 있으나 느낌을 살려내지 못한다.

숭고와 세속의 속내를 겸비해 신비스러울 지경인 팔자라는 말은 어디에서 왔을까? 팔자의 두 번째 뜻이다.

우리의 삶은 팔자의 감옥에 갇혀 있다

팔자는 한자로 '八字'다. 여덟 개의 글자다. 그뿐이다. 어원으로 살필 때, 팔자는 한데 모아놓은 여덟 개의 글자다. 그런데 여덟 개의 글자가 우리의 복잡다단한 생(生) 전체를 규정한다. 특정한 방식으로 뽑아낸 여덟 개의 글자 안에, 우리 삶이 갇혀 있다고 보는 게 사주다.

젊은 시절, 프레데릭 제임슨이라는 미국 평론가의 글을 즐겨 읽었다. 그의 책 중에 《언어의 감옥》이란 게 있다.

저자는 이 책에서 문학 비평의 한 조류인 '러시아 형식주의'를 비판한다. 러시아 형식주의는 문학을 해석하면서 작품 자체에만 집중했다. 작가의 삶, 시대 배경, 그 시대의 이념은 모두 괄호치고 텍스트(언어)만 주목했다. 삶은 삶대로, 책은 책대로 자기 길을 간다는 게 러시아 형식주의자들의 주장이었다.

이 정도 단서로도《언어의 감옥》이란 제목의 뜻을 짐작할 수 있다. 한 권의 소설에 담긴 풍성한 삶은, 러시아 형식주의자들에 의해 언어의 감옥에 갇힌다.

우리가 사주라고 부르는 분류와 미래 예측의 체계도 비슷하다. 사주를 업으로 삼는 사람들은 주장한다. 2×4의 매트릭스(수학의 행렬)를 구성하는 여덟 개의 글자에, 우리의 삶이 지배된다. 우주와도 같은 우리의 삶은, 단 여덟 개의 글자 안에 갇힌다.

러시아 형식주의자들은 언어의 감옥에, 우리의 삶은 팔자의 감옥에 갇혔다. 명리연구가들은 그렇게 주장한다.

그들의 주장을 살피기 위해 '2×4의 매트릭스'가 어떤 모양인지 들여다봐야 한다. 우리가 앞으로 공부할 모든 내용이 담겨 있는 매트릭스다. 익숙해져야 한다. 물론, 제시된 8개의 한자 조합은 하나의 사례일 뿐이다.

시	일	월	연
戊(무)	乙(을)	癸(계)	丁(정)
寅(인)	酉(유)	卯(묘)	未(미)

2×4의 매트릭스는 팔자(여덟 개의 글자)인 동시에 사주(四柱)이기도 하다. 연, 월, 일, 시를 삶을 지탱하는 네 개(四)의 기둥(柱)으로 본다. 그러니까 팔자와 사주는 이럴 땐 정확히 같은 말이다.

그럼 사주 또는 팔자를 어떻게 읽어야 할까. 위쪽에 '연월일시'를 표시해 뒀다. 정미(丁未)년, 계묘(癸卯)월, 을유(乙酉)일, 무인(戊寅)시라고 읽는다. 연월일시를 오른쪽에서 왼쪽으로 배열한 건 전근대의 흔적이다. 한자문화권 사람들은 글을 가로 아닌 세로 방향으로 썼고, 왼쪽으로 이어 나갔다.

매트릭스의 윗줄에 등장하는 한자가 열 개, 아랫줄에 등장하는 한자는 열두 개다.

甲	乙	丙	丁	戊	己	庚	辛	壬	癸
갑	을	병	정	무	기	경	신	임	계

子	丑	寅	卯	辰	巳	午	未	申	酉	戌	亥
자	축	인	묘	진	사	오	미	신	유	술	해

그리 낯설지 않은 한자들이다. 한 번쯤 외워봤을 한자들의 조합이다. 맞다. 윗줄의 한자 열 개는 천간(天干)이다. 아랫줄의 한자 열두 개

는 지지(地支)다. 간(干)과 지(支)는 각각 하늘의 바탕, 땅의 근본을 뜻한다. 십간(十干), 십이지(十二支)라고도 한다.

중요한 건 여덟 개의 한자로 이뤄진 매트릭스가 무얼 뜻하는지 알아내는 거다.

앞에서 사례로 든 사주를 정미년, 계묘월, 을유일, 무인시로 읽는다고 했다. 여덟 개의 한자는 특정한 시간을 뜻한다. 정미, 계묘, 을유, 무인이란 여덟 개의 한자는 특정한 날 하루만을 가리키지 않는다. 가장 최근엔 2017년 3월 초 어떤 날의 새벽 4시 무렵이 정미, 계묘, 을유, 무인의 조합이었다.

우리의 세월은 무한히 흘러가고, 열 개의 천간과 열두 개의 지지로 만들어낼 수 있는 조합은 60개로 한정돼 있다.

넷째 날 강의에서 설명할 텐데 만세력(萬歲曆)이란 달력이 있다. 그 달력엔 세상의 모든 날짜가 천간 열 글자와 지지 열두 글자로 기록돼 있다. 요즘엔 인터넷에 수많은 만세력이 떠 있어서, 누구나 손쉽게 숫자로 된 날짜를 천간과 지지로 된 날짜로 바꿀 수 있다.

우리는 지금 대단히 중요한 발걸음을 뗐다. 사주는 행렬로 구성된 여덟 개의 글자(팔자)와 우리 삶의 상관관계를 살피는 일이다. 사주라는 분류 또는 예측 체계에 다른 건 아무것도 없다.

한 사람의 특성을 여덟 개의 글자로 요약하고, 여덟 개의 글자에서 지나간 혹은 닥쳐올 그 사람의 삶을 뽑아내는 게 사주다.

팔자(여덟 개의 글자)에서 팔자(운명)를 도출하는 게 사주다.

여덟 개의 글자는 기본적으로 숫자(數)를 나타낸다. 전 근대의 시기에 한자 문화권에서 특정한 숫자를 표현하기 위해 쓰던 방식이다. 사주에서 여덟 글자는 한 사람이 태어난 시점, 그러니까 어떤 사람이 세상에 존재하기 시작한 특정 시점을 나타낸다.

그런데 특정 시점을 표시하는 여덟 개의 한자는 연월일시를 표시하는 건조한 기호가 아니다. 천간 열 글자, 지지 열두 글자엔 조금은 신비스럽게 보이는 뜻이 담겨 있다. 이제 살짝, 그 맛을 보자.

한 사람의 팔자, 그러니까 천간과 지지로 표시한 생년, 생월, 생일, 생시를 놓고 이런저런 궁리를 해보는 게, 셋째 날 공부가 되겠다. 도전해 보자.

시	일	월	연
戊(무)	庚(경)	辛(신)	丁(정)
寅(인)	甲(신)	亥(해)	巳(사)

이 사람은 정사(丁巳)년, 신해(辛亥)월, 경신(庚申)일, 무인(戊寅)시에 태어났다. 이게 요즘 쓰는 달력으로 몇 월, 몇 일인지는 나중에 알

려드리려 한다. 여덟 개의 글자에만 집중하는 게 중요하다. 여덟 개의 글자는 이 사람의 전 생애를 담는다. 믿기 어려울 수도 있다. 그러나 가지런하게 정렬된 여덟 개의 글자가 한 사람의 삶을 장악하고 있다는 게 사주 체계의 믿음이다.

뱀처럼 냉혈한 성격을 지녔다

먼저 맨 오른쪽 아랫줄에 있는 한자 사(巳)를 들여다보자. 지지를 이루는 한자 열두 개는 저마다 지상에 사는 동물들에 연결된다. 우리는 그걸 '띠'라고 부른다.

子	丑	寅	卯	辰	巳	午	未	申	酉	戌	亥
쥐	소	호랑이	토끼	용	뱀	말	양	원숭이	닭	개	돼지

'사'는 그중 뱀이다. 이 사람은 뱀 같은 성향을 타고났을까. 뱀은 소리 없이 잠행을 즐기고, 눈빛은 매섭다. 느릿하게 지상을 유영하다가도 표적이 보이면 놀랄 만큼 기민하게 움직인다. 무엇보다 뱀은 냉혈하다. 사주에 뱀을 감춘 이 사람의 삶에도 그런 냉혹함이 배어 있을까.

여덟 개의 글자가 숨긴 이 사람의 특성을 좀 더 살펴보자.

차가운 쇠의 기운이 가득하다

오행(五行)에 관해 얘기할 시간이 왔다. 오행은 동아시아의 한자 문화권 사람들이 한때 이 세상을 구성하고 또 지탱한다고 믿었던 다섯 가지의 자연 요소다.

목(木)	화(火)	토(土)	금(金)	수(水)
나무	불	흙	쇠	물

그런데 열 개의 천간과 열두 개의 지지는 모두 오행으로 환원된다. 무모해 보이지만, 옛사람들은 단 다섯 개의 요소(또는 에너지)로 우주를 꿰뚫어 볼 궁리를 했다. 하늘의 일(천간)과 땅의 일(지지) 모두를 포괄하려 했다.

생각해 보면 무모하다고 할 것도 아니다. 근대 유럽의 과학도 방정식 몇 개로 우주에 있는 모든 것의 운동을 표시하려 했다. 사람들의 생각이 대단한 것 같아도, 그 발상은 엇비슷하다.

목(木)	화(火)	토(土)	금(金)	수(水)
갑을	병정	무기	경신	임계

먼저 천간과 오행의 관계를 보자.

천간은 체계가 간단하다. 갑을이 목, 병정이 화, 무기가 토, 경신이 금, 임계가 수에 해당한다. 역술인들은 "갑을목, 병정화, 무기토, 경신금, 임계수"라고 다들 외고 있다. 우리도 외워야 한다.

지지는 좀 더 복잡한 단계를 거친다.

인묘진사오미신유술해자축

흔히 '자축인묘······'의 순서로 지지를 말하지만, 사주에 적용할 땐 다르다. 시작점을 달리한다. '인'에서 시작한다. 그리고 세 개씩 끊어 읽어야 한다. 인묘진, 사오미, 신유술, 해자축 식으로 읽는다. 여기에도 오행이 배정된다.

목(木)	화(火)	토(土)	금(金)	수(水)
인묘	사오	진술축미	신유	해자

이 사람의 팔자(정사년, 신해월, 경신일, 무인시)를 오행으로 바꾸어 보면 어떨까. 어려운 일도 아니다. 갑을(목), 병정(화), 무기(토), 경신(금), 임계(수)의 원칙대로 하면 된다. 지지도 마찬가지다. 이런 과정을 거치면 여덟 개의 한자는 목, 화, 토, 금, 수 가운데 어느 하나로 각각 치환된다.

무경신정→토금금화

인신해사→목금수화

훨씬 단순해졌다. 팔자에서 오행으로의 치환은 사주를 푸는 작업의 중추다. 거의 모든 것이라고 해도 좋다.

실전에선 좀 복잡해진다. 같은 목이어도 강건한 양(陽)의 목이 있고, 가녀린 음(陰)의 목이 있다. 다른 오행도 마찬가지다.

또 오행들 간의 관계가 얽히고설키면서 예상치 못한 개념들이 튀어나온다. 그런 걸 천천히 알아가는 게 30일에 걸친 공부의 목적이다. 서둘지는 말자.

이 사람의 사주로 돌아가자. 일단 금(쇠)이 많은 걸 확인할 수 있다. 쇠는 차고 단단하다. 목, 화, 토, 금, 수의 속성을 사람의 성향에 비유하면, 금은 그중 냉정하고 냉철한 쪽이 될 것이다. '사(巳)=뱀'이란 데 주목했을 때와 비슷한 결과다.

하나 더 알아둘 게 있다. 사주에선 위쪽 천간의 연월일시 중 '일'에 해당하는 자리를 중요하게 본다. '일'을 나타내면서 천간 중 하나이니 일간이라 부른다. 일간은 이 사주의 주인이다.

이 사람의 일간은 금이다. 앞서 말한 대로 지극히 냉혹한 사람일 가능성이 있다. 그런데 이 사람 옆을 또 다른 금들이 지키고 있다. 바로 옆도 금, 바로 아래도 금이다. 사주의 주인공을 지키고 있는 사람들도 엄혹하기 짝이 없어 보인다. 이 사람은 도대체 어떤 사람일까.

내면의 불안을 떨치지 못한다

비정한 사람들의 내면은 정처 없다. 정사년에 태어난 이 사람에게도 불안이 확연하다.

그게 여덟 글자에 어떻게 나타날까.

지지를 들여다보면 알 수 있다. 이 사람의 지지는 아주 예외적이다. 다시 한 번 사주에서 쓰는 방식으로 십이지를 늘어놓아 보자.

인묘진 사오미 신유술 해자축

네 개의 카테고리는 계절을 뜻하기도 한다. 인묘진은 봄, 사오미는 여름, 신유술은 가을, 해자축은 겨울이다. 이때 계절의 시작에 등장하는 지지를 모으면 인신사해(寅申巳亥)가 된다. 계절의 극성기를 모으면 자오묘유(子午卯酉)다. 계절이 지나갈 무렵의 지지는 진술축미(辰戌丑未)다.

계절의 시작점을 모으면서 인(봄)-사(여름)-신(가을)-해(겨울) 대신, 인(봄)-신(가을)-사(여름)-해(겨울)의 배열을 채택한 게 의아할 수도 있다. 나중에 배울 '충(冲)' 개념 때문인데, 사주에선 봄-가을, 여름-겨울의 대립(충)에 중요한 의미를 부여한다. 자-오-묘-유, 진-술-축-미의 배열도 같은 원리를 따른다.

계절이 변한다는 건 신비한 일이다. 혹한으로 사람을 떨게 하던 겨울이 가고 봄이 시작될 때 세상은 분주하다. 오랜만의 비가 대지를 적시고, 대지는 비를 예감하며 들썩이기 시작한다. 땅 위의 모든 존재가 촉각을 세우고 새로운 세상을 준비한다. 인신사해는 그렇게 쉴 새 없이 움직여야 하는 시기다. 황망하고 분주하다.

우리가 들여다보고 있는 사주의 지지가 예외적이라고 한 건, 모두 인신사해로만 이뤄졌기 때문이다. 인신사해의 기운은 외부로 표출돼 평생 정착 못 하고 바쁜 사람을 만들어 낸다.

하지만 그런 기운이 억압당할 때도 있다. 다른 기운이 강해서다. 그럴 때 인신사해는 내면으로 파고들어, 사람의 마음을 들썩이게 한다. 겉으로 보기엔 차갑고 침착하지만, 그의 마음은 한시도 쉬지 못한다. 그의 서늘한 표정 뒤에는 평생 어찌하지 못한 심적 방황이 서렸다.

이 사람은 내면의 불안을 품고 살았다. 마음이 불안할수록 그의 행동은 냉엄하고 과격했다. 불안을 달리 해소할 방법이 없었다.

사주 하나를 놓고 '인상비평' 같은 걸 해봤다. 이해하기 쉽지 않은 설명이었을 수 있다. 하지만 지금은 그저 직관처럼 스치듯 알고 넘어가도 무방하다. 앞으로 펼칠 설명이 직관을 이론과 방법으로 보충해

준다.

그보다 셋째 날 공부를 마치기 전에 둘째 날 공부의 말미에 등장시켰던 열 가지 사람 분류에 관해 다시 짚고 넘어가야 한다.

열 개의 천간을 목, 화, 토, 금, 수로 구분했더랬다. 갑을목, 병정화, 무기토, 경신금, 임계수였다. 입으로 되뇌면서 둘째 날 만났던 열 가지 성격 유형을 소환해 보자.

솟아오르는 나무(갑), 가녀린 풀(을), 작열하는 태양(병), 고요한 촛불(정), 광활한 사막(무), 비옥한 토지(기), 거대한 광산(경), 예리한 칼(신), 드넓은 바다(임), 은은한 시냇물(계)

짐작되는 게 있다.

갑과 을은 같은 목(나무)이지만 뭔가 다르다. 쭉쭉 뻗는 느티나무 같은 양의 나무(갑)가 있는가 하면, 들판의 풀 같은 음의 초목(을)도 있다.

불도 마찬가지다. 대장간의 강렬한 불(병)이 있는가 하면, 가녀린 촛불(정)도 있다. 물(수)을 상징했던 임과 계도 비슷한 차이를 보인다.

아무래도 뭐가 있긴 한 것 같다.

다음 날 공부에선 오행에 관해 좀 더 파헤쳐 보자.

넷째 날

명리의 고수가 당황한 이유

고야스 노부쿠니라는 일본 학자가 《귀신론》이란 책을 썼다. 귀신이 있는지 없는지 파고드는 책이다.

세상엔 귀신이 있을까, 없을까.

저자는 있다고 말한다. 그런데 귀신의 존재를 실증할 생각은 없다. 대신 "귀신은 사람들의 말 속에, 그리고 야스쿠니 신사와 같은 건물에 산다"고 외친다. 우리의 대화 속에, 은밀한 그들만의 거처에 귀신은 존재한다.

그래서 중요한 건 귀신이 아니라 귀신에 관한 이야기, 즉 '귀신론'이다. 귀신이 있든 없든, 귀신에 관한 상상은 옛날도, 지금도 끊이지 않는다. 멀게는 제사가 있고, 가깝게는 액땜이 있다. 모두 귀신을 상정한 행위들이다. 귀신은 줄기차게 사람들의 말과 정신 속에 살아왔다.

귀신은 '있다.'

난데없이 귀신 얘기를 꺼낸 건 오행(五行)이 처한 상황 때문이다. 오행이란 게 과연 있을까. 세상을 움직이는 목, 화, 토, 금, 수의 존재를 실증할 필요는 없다. 실증 없이도 우리는 귀신의 존재를 포착할 수 있었다. 오행 역시 오랫동안 동아시아 사람들의 정신과 말을 지배했다.

오행은 있다.

고대 그리스인들의 세계

세상은 무엇으로 이루어져 있을까. 고전적인 화학 기준으로는 이 세상은 100종 남짓한 원자로 이뤄져 있다. 사물 하나가 있다고 하자. 이걸 잘게 쪼개어 나가면 분자가 된다. 어떤 사물의 특성을 가진 최소 단위 입자다.

끝이 아니다. 비록 그 사물의 성질은 잃지만, 분자는 원자로 쪼개진다. 탄소, 수소, 산소, 철, 마그네슘, 구리……. 이런 게 원자다. 그것도 끝이 아니다. 원자를 더 쪼개면 전자, 양성자, 중성자가 나온다. 현대 과학은 물론 이걸 더 쪼갠다.

그러나 고대 동양의 사유는, 세상에 대해 또 만물에 대해 다른 차원의 생각을 했다. 물, 불, 나무, 쇠, 그리고 흙이면 이 세상을 해명할 수 있다고 생각했다.

그게 오행이다.

사람의 운명도 오행으로 설명할 수 있다고 믿었다. 그 믿음이 사주를 탄생시켰다. 그런데 어떻게 운명까지 설명해 낼까. 오행의 눈부신 확장 경로를 추적해 볼 차례다.

잠시 우회하자.

옛날 사람들은 이 세상이 무엇으로 이뤄져 있는지 너무 궁금했다. 약 2,500년 전 고대 그리스의 자연철학자들을 떠올려 보자. 그들에겐 요즘의 과학 같은 게 없었다. 그런 그들에게 세상의 재료는 무엇이었을까.

가장 간단한 방법은 이 세상이 단 하나의 기본 물질에서 파생됐다고 보는 것이다. 우주 만물이 모두 한 종류의 기본 원소에서 나왔고, 그 기본 원소가 물이라고 한 사람은 탈레스였다. 헤라클레이토스는 물 대신 불을 얘기했다.

단순해서 좋긴 하지만, 세상을 그렇게 원소 하나로 소급하다 보면 엇나가는 물질들이 생길 수밖에 없다. 세상 모든 게 물이나 불로만 이뤄졌다고 보기는 상식적으로 쉽지 않으니까 말이다. 그래서 나온 게 4원소설이다. 고대 서양인들에게 가장 광범위한 지지를 받았다. 만물의 근원이 물, 공기, 불, 흙 이렇게 네 가지라고 이야기한 이는 엠페도클레스다.

4원소설은 몇백 년 동안 그리스 사람들의 머리를 사로잡았다. 엠페

도클레스보다 백 년 후 사람인 아리스토텔레스도 4원소설을 이용해 우리가 사는 지구의 구조를 해명했다.

네 개의 원소 중 가장 무거운 흙이 지구의 밑바닥을, 그보다 가벼운 물이 그 위에 바다로 덮었다. 공기가 그 위, 또 그 위에 불이 있는 것으로 아리스토텔레스는 우리가 사는 세상을 설명했다. 그럴듯하다.

서양의 4원소설 vs. 동양의 오행

서양에 4원소설이 있었다면, 동양에는 오행이 있었다. 영향력으로 따지면 오행의 힘이 4원소설에 비해 훨씬 컸다. 괴력(怪力)에 가까웠다. 제국주의처럼 모든 일상을 파고들었다.

기왕에 4원소설을 꺼내 들었으니, 거기에서 이어가도 좋겠다. 서양과 동양의 생각이 다른 것 같아도, 또 크게 다르지도 않다.

날 좋은 어느 주말에 서울 외곽으로 길게 솟은 북한산에 오른다고 해보자. 콘크리트로 가득한 도심과 달리 그곳은 자연의 원형이 남은 곳이다. 북한산에서 주위를 둘러보면 '4원소'들이 차례로 등장한다.

먼저 흙과 바위, 그리고 공기가 있다. 지나온 계곡들 사이론 맑은 물이 흘렀다. 불은 보이진 않는다. 하지만 산불은 언제든 날 수 있다. 산과 공기 속에 불은 내재한다.

하지만 한두 번 더 둘러보면 흙(바위 포함), 공기, 물, 불의 네 가지 요소로는 설명할 수 없는 요소들이 남는다.

일단 나무가 있다. 물, 불, 공기, 흙을 아무리 섞어도 나무가 나올 것 같지 않다. 그리고 불처럼 눈에 보이지는 않지만, 쇠도 있다. 흙과 바위엔 소량의 금속성 물질들이 섞여 있다.

그리스 사람들의 4원소설은 나무와 금속을 포함하지 않았다. 동양에선 나무와 금속을 끌어들였다. 그런데 반대로 공기에는 관심을 두지 않았다. 동양에서 대기는 눈에 보이지 않는 무언가로 가득한 공간이 아니라, 허공(虛空)이다.

동양 사람들이 생각한 세상의 다섯 가지 구성요소는 물, 불, 흙, 나무, 쇠다. 그런데, 이 다섯 가지 요소를 통상 목(나무), 화(불), 토(흙), 금(쇠), 수(물)로 부른다. 굳이 용어의 정확성을 따지자면 그게 바로 오행이다.

나무, 불, 흙, 쇠, 물로 직접 부르지 않는 데에는 괜한 한자 선호 이상의 뜻이 담겼다. 오행은 물질이 아니라, 이 세상을 운용하는 에너지 또는 기(氣)에 가깝기 때문이다. 보이고 만져지는 나무, 불, 흙, 쇠, 물과는 구분할 필요가 있다.

목: 위로 밀고 올라가는 기운

화: 확 사방으로 펼쳐지는 기운

토: 감싸 안고 품어주는 기운

금: 비우고 소멸시키는 기운

수: 고요하게 채우는 기운

오행은 이렇게 물질에서 에너지로 자신의 위상을 변화시키면서, 자연을 넘어 세상사까지 꿰뚫을 채비를 끝낸다.

세상의 어떤 일이든 처음엔 거칠 것 없는 기세로 치고 올라가다가 (목) 정점에 달해 그 기운을 넓게 펼친다(화). 이제 하강해야 하는데, 올라가기만 하던 기운이 내려가려면 중간의 휴지기, 상승과 하강을 아우르고 포용하는 기운(토)이 필요하다. 휴지기를 거친 뒤에 세상의 기운은 하강한다(금). 그리고 겉으론 죽은 듯 고요하지만 새로운 생명을 꿈꾼다(수).

이렇게 오행은 자연과 세상을 함께 관통하는 순환의 이치로 자신을 자리매김한다. 단순한 물질(원소)의 굴레를 벗고 세상의 운행 이치로 스스로를 확장한다. 세상의 일은 어느 한 곳에 정지해 있지 않고 끊임없이 순환한다. 그 사실은 크나큰 위로다.

삶은 머물지 않고 움직인다. 끝없는 상승도, 끝없는 하강도 없다. 올라가면 다시 내려가고, 내려가면 다시 올라간다. 날개 없이 추락하는 것만 무서운 게 아니다. 끝 모르고 올라가는 것도 재앙이다.

둘 다 병이다.

하지만 오행은 세상에 그런 일은 없다고 말한다. 오행은 존재 자체로서 삶을 위안한다.

 오행을 생각하면서 짚고 넘어가야 할 게 하나 있다. 편의상 다섯 개의 요소 또는 에너지로 구분했지만, 어느 순간에도 오행은 따로 놀지 않는다. 끊임없이 서로를 북돋아 주고(生, 생), 또 반대로 제어하는 중이다(克, 극).

목은 화를 살리고(목생화, 木生火)

화는 토를 살리고(화생토, 火生土)

토는 금을 살리고(토생금, 土生金)

금은 수를 살리고(금생수, 金生水)

수는 목을 살린다(수생목, 水生木)

 오행의 상생 역시 기운 아닌 물질의 교류로 해석하는 경우가 있는데 적절치 않다. 물질 차원에서 보면, 나무는 타서 불이 되고, 타고 남은 재는 흙이 된다. 흙(바위)에서는 쇠가 나온다. 그럴듯하다. 그런데 쇠가 어떻게 물을 만들어 낼까.
 오행을 물질로 볼 때 생기는 오류다.
 물질의 상생이 아니라, 기운의 상생이다. 치솟던 기운이 넓게 펼쳐지고(목생화), 펼쳐진 기운이 다시 움츠러들며 숨을 고른다(화생토),

숨을 고르던 기운은 한순간 매섭고 예리한 기운으로 돌변한다(토생금). 날카롭던 그 기운은 그러나 오래지 않아 자신을 누그러뜨리고 휴식에 든다(금생수). 그렇게 한동안 고요한 후에야 다시 에너지를 낼 수 있다(수생목).

상극은 어떻게 영향을 주고받을까.

금은 목을 치고(금극목, 金克木)

목은 토를 치고(목극토, 木克土)

토는 수를 치고(토극수, 土克水)

수는 화를 치고(수극화, 水克火)

화는 금을 친다(화극금, 火克金)

오행의 상극 역시, 물질 아닌 기운의 차원에서 다뤄야 한다는 사실을 명심해야 한다. 도끼가 나무를 치는 게 아니라, 예리하고 날카로운 기운이, 무조건 솟아오르려고만 하는 기운을 흩뜨린다(금극목).

오행의 확장

사람들은 오행을 세상만사로 확장해 나간다.

먼저 계절이다.

봄은 목, 여름은 화, 가을은 금, 겨울은 수에 해당한다. 어디서 그런

힘을 얻었는지 굳은 흙을 뚫고 나오는 새싹을 보라. 천천히, 그러나 힘차게 위로 솟는 목의 기운이 바로 봄의 실체다. 흐드러지게 확 피어나는 화려한 꽃은 여름의 상징이다. 낙엽 지는 가을, 모든 게 시들고 떨어진다. 하강하는 에너지, 바로 금의 기운이다. 죽음인 동시에 생명의 씨앗을 보존하는 겨울은 수의 기운으로 가득하다.

옛사람들은 하루의 주기도 오행으로 설명했다. 아침 시간은 목, 정오를 중심으로 한낮 시간은 화, 오후에서 저녁으로 가는 동안은 금, 모든 걸 잠재우는, 그러나 새벽을 준비하는 밤은 수 기운에 지배당한다.

동서남북도 오행으로 환원했다. 해가 떠오르는 동쪽은 목, 태양에 가까워 더운 남방은 화, 해가 지는 서쪽은 금, 춥고 어두운 북쪽은 수 기운으로 충만하다.

사람 몸에도 오행이 적용된다. 한의학은 인간의 몸을 대자연, 즉 우주의 일부인 동시에 축약으로 봤다. 한의학은 간, 심장, 비장, 폐, 신장을 각각 목, 화, 토, 금, 수에 배정하는 일로부터 시작한다.

맛도 오행으로 설명한다. 목은 신맛, 화는 쓴맛, 토는 단맛, 날카로운 금은 매운맛, 수는 짠맛의 본질이다.

만세력이 없으면……

오행이 세상과 사람을 지배한다. 세상사와 사람의 일을 분류하고 예측하려는 게 사주다. 사주는 오행의 도움이 필요했다. 사주와 오행의 연결고리는, 한 사람이 세상에 태어난 시점이다. 사주를 풀려면 우리가 태어난 연월일시를 오행으로 '번역'하는 과정이 필요하다. 그 중간 단계로, 연월일시를 천간과 지지에서 뽑아낸 여덟 글자(팔자)로 환산해야 한다.

연월일시 → 팔자(여덟 글자) → 오행

이때 만세력이 필요하다. 만세력은 연월일시를 팔자로 바꿔준다.

사주를 본다는 것은 단순한 기호로서의 팔자를 통해 사람들을 울고 웃게 만드는, 그 오묘한 운명으로서의 팔자를 파악하는 일이다. 그러자면 현실적으로 60갑자 중에서 어떤 사람의 생년·월·일·시에 해당하는 여덟 글자(팔자), 즉 네 개의 간-지 조합을 뽑아내야 하는데 이게 그냥 머리를 써서 되는 게 아니다.

주위에 사주를 좀 아는 누군가가 그의 지인들에게 사주점을 봐줄 때 풍경을 잠시 스케치해 보자. 그게 직장이든 커뮤니티이든, 조직의 규모가 어느 정도 수준에 달하면 사주를 취미로 배운 이가 꼭 한둘 있다.

그래서 신년이 되거나 뭔가 자기 신상에 궁금한 게 있어 이 사람에게 사주를 봐달라고 하면 이 사람은 핸드폰부터 꺼내 든다. 생일과 생시를 물은 후에, 그걸 어딘가에 입력한다.

사주를 의뢰한 사람은 대개 실망해서 말한다.

"애플리케이션(앱) 돌리는 거야?"

운명이 적혀 있는 앱을 돌리는 게 아니다. 사주를 아는 그 사람이 핸드폰을 여는 건 운명이 해설된 참고서를 펼치기 위해서가 아니라, 만세력이란 달력을 보기 위해서다.

만세력은 숫자로 표시된 연월일시를 대단히 기계적인 방식으로, 천간과 지지의 조합으로 변환시켜 놓은 달력일 뿐이다. 그 안에 당신의 성향과 운명에 관한 얘기는 한마디도 없다. 그러나 그저 달력일 뿐이지만, 만세력 없이는 지상 최고의 명리연구가도 사주를 볼 수 없다. 정확히 말하면 사주 자체를 세울 수 없다. 당연히 풀 수도 없다.

당황한 사주의 절대 고수

만세력과 관련해 유명한 에피소드가 하나 있다. 당대 최고의 명리연구가로 꼽히던 도계 박재완(朴在玩, 1903~1992) 선생 얘기다.

1979년 10월 26일, 대통령 박정희가 중앙정보부장의 총에 운명을 달리했다. 한 달 보름 정도가 지난 12월 12일, 전두환이 이끌던 신군부는 당시 계엄사령관을 체포하고 권력을 접수한다.

신군부는 그런데 그날의 거사 직후 군인 몇 명을 대전으로 급파했다. 대전에 있던 도계 박재완을 납치하듯, 서울 경복궁 근처의 안가로 은밀히 데려왔다는 얘기가 전해진다.

그들은 거사의 이후 행로가 궁금했다.

쿠데타는 성공할까.

신군부 주체들의 운명을 사주로 풀어보려 했다. 그런데 경황없이 끌려온 박재완은 그들의 요구를 바로 들어줄 수가 없었다. 거부한 게 아니었다. 정치적으로 다른 견해가 있다거나 하는 그런 이유가 아니었다. 그냥 사주를 풀어낼 재간이 없었다. 명리의 고수가 왜 사주를 풀 수 없었을까.

핸드폰이 없던 시절이다. 만세력은 책자로만 유통됐다.

도계는 급히 끌려오느라 만세력을 지참하지 못했고, 만세력이 없으니 죽었다 깨도 신군부 주체들의 생년·월·일·시를 간지의 조합으로 치환할 수 없었다. 박재완은 서울에 사는 제자에게 급히 연락해 만세력을 받은 후에야 군인들의 요구를 들어줄 수 있었다.

사주의 중심에는 그렇게 만세력이 버티고 있다. 만세력이 없으면 아무것도 할 수 없다. 연월일시를 오행으로 치환하게 해주는 마법의 책이 바로 만세력이다.

이제 사주에 관한 얘기를 진전시킬 모든 준비가 끝났다. 핸드폰만 있으면 누구나 운명의 기초자료인 사주 또는 팔자를 뽑아낼 수 있다. 그럼 그렇게 얻어진 팔자를 어떻게 해석할 것인가?

다시 말해, 사주를 어떻게 볼 것인가?

그 전에 해결할 문제가 하나 있다. 첫날 공부를 시작하면서, 사주는 운명론인 동시에 분류의 기술이라고 했다. 운명론에서 시작하면 미궁에 빠지니, 분류 얘기부터 하자고 했다. 하지만 운명에 관한 얘기를 계속 미룰 수도 없다.

운명은 도대체 무얼까. 운명은 과연 존재할까. 우리는 운명에 대해 어떤 태도를 가져야 할까.

다섯째 날, 운명에 관한 얘기를 조금은 하고 넘어가야 할 것 같다.

다섯째 날 ────────────

오이디푸스와 신의 주사위

사주는 동아시아 태생이다. 하지만 사주가 품는 삶은 동서양을 가리지 않는다. 삶의 행로를 추상화한 운명을 예측하는 일이 여기선 되고 저기선 안 될 리도 없다. 그래서 잠시 지중해 부근으로 시야를 넓혀본다. 동서와 고금을 털어, 운명에 관한 가장 드라마틱한 얘기는 아마도 오이디푸스의 사연일 것 같다.

"이 아이는 아버지를 해칠 것이다"

그리스 지도를 보면 아테네에서 북서쪽으로 80킬로미터 정도 떨어진 곳에 테베라는 도시가 있다. 고대 그리스에도 같은 이름의 나라가 있었다. 오이디푸스는 테베의 왕 라이오스의 아들이었다.

왕은 아들이 태어나자, 신탁(神託)을 받았다. 동양식으로 보자면, 사주나 주역점을 본 것이다. 점의 결과가 끔찍했다.

"아버지를 죽이고, 어머니를 범할 것이다."

키울 수 없는 아들이다. 왕은 아들을 산중에 내다 버렸다. 그러나 운 좋게 살아난 오이디푸스는 코린토스라는 도시국가의 왕자가 된다. 테베에서 남서쪽으로 100킬로미터 정도 떨어진 곳이다. 지금은 코린트라고 불리는 항구 도시다. 그리스도교의 신약에도 등장하는 도시다. 사도 바울의 편지 중 고린도라는 이름으로 등장한다.

테베와 코린트는 지금이야 자동차로 1시간 30분이면 가는 거리이지만, 고대의 100킬로미터는 달랐다. 테베는 내륙이었고, 코린토스는 항구이기도 했다. 생활권이 달랐고, 서로 접촉할 일이 드물었다. 코린토스의 왕자가 된 오이디푸스에 관한 소식을 테베에선 알 수 없었다.

코린토스에서 자란 오이디푸스는 청년이 되었을 때 문득, 자신의 운명이 궁금해 신탁을 청한다. 아버지와 같은 결과를 받았다.

"아버지를 죽이고, 어머니를 범할 것이다."

청년 오이디푸스는 자기가 태어난 테베의 일을 모른다. 그에게 아버지는 자신을 키워준 코린토스의 왕이었다. 그는 코린토스의 부모를 해칠 수 없었다. 운명을 피해야 했던 그는 방랑을 택한다. 코린토스에서 가능한 한 먼 곳으로 발길을 옮긴다. 그는 내륙으로 향했다.

그렇게 방랑하던 오이디푸스는 어느 길에선가 시비 끝에 마차를

끌던 일행과 마차에 타고 있던 인물을 죽인다. 마차에는 테베의 왕 라이오스가 타고 있었다.

  운명의 1차 실현이다.

  이어 스핑크스가 등장한다. 스핑크스는 사람을 잡아먹는 괴물이다. 남편을 잃은 테베의 여왕은 이렇게 선언했다.

  "스핑크스와의 대결에서 이기는 사람에게 비어 있는 왕위를 주겠다."

  오이디푸스는 스핑크스와의 대결에서 이기고 테베의 왕이 된다. 어머니와 결혼한다.

  운명의 최종 실현이다.

  자신의 생모와 결혼해 아이까지 낳았던 오이디푸스는 세월이 흐른 뒤, 갓 태어났을 때의 신탁과 그 이후의 사연을 모두 알게 된다. 자신의 두 눈을 스스로 망가뜨리고는 다시 방랑의 길을 떠난다.

  운명은 이렇게 질기다. 어떤 식으로든 자신의 길을 실현하려는 무시무시한 관성을 지녔다. 존속살해와 불륜이라는 자신의 운명을 뛰어넘으려던, 말하자면 자기의 팔자, 사주의 한계를 돌파하려던 오이디푸스의 노력은 끝내 무산됐다. 그는 운명에 굴복했다.

  운명의 압제(壓制) 아래서 우리는 늘 굴복할 수밖에 없을까.

주사위, 체스, 말판

우리 삶은 정해진 운명의 실현일까, 의지의 구현일까. 운명과 자유의지 사이에서 삶을 바라보는 방식은 셋이다.

삶은 주사위 놀이일 뿐이다. 우리의 삶은 신이 던진 주사위에 의해 결정된다. 주사위가 땅에 떨어지면서 얻게 되는 숫자가 우리의 운명이다. 우리 삶의 향배를 결정하는 건, 우리가 아니라 신이다. 신의 섭리가 우리의 운명이다. 신은 없을 수도 있다. 어쨌든 우리 삶은 우리 의지와는 무관하게 흘러간다. 신이 없다면, 수많은 우연의 조합이 우리의 운명이다.

삶은 체스다. 우리가 결정한다. 체스판 위의 말들은 스스로 움직이지 않는다. 신이 움직여 주지도 않는다. 우리가 우리 뜻대로 배치하고 운용한다. 체스판 위의 삶에 정해진 운명 같은 건 없다. 선수들의 자유의지와 그들 사이의 대결이 있을 뿐이다. 섭리도 운명도 우리 삶에 개입하지 못한다.

말판처럼 운명과 의지가 뒤섞인 곳이 삶이다. '말판 놀이'는 윷놀이 같은 게임이다. 윷놀이는 윷을 던져 얻는 숫자(도개걸윷모)로만 진행되지 않는다. 주사위를 던지듯 윷으로 숫자를 얻지만, 어떤 말을 움직일지는 우리가 선택한다. 운명(윷)과 자유의지(말 선택)가 결합한다. 우리 삶도 그렇게 운명과 의지가 변증법적으로 부딪치는 장(場)일까.

우리는 팔자의 감옥을 부술 수 있을까

사주는 삶을 어떻게 바라볼까.

셋째 날 '언어의 감옥'과 '팔자의 감옥'을 얘기했다. 사주는 우리의 삶이 천간 열 글자, 지지 열두 글자에서 뽑아낸 여덟 글자(팔자)에 의해 결정된다고 본다. 사주의 원리를 단순하게 받아들이면, 거기 우리의 자유의지가 개입될 여지는 없다.

우리가 태어난 연월일시가 우리의 삶 전체를 결정한다. 우리가 세상에 막 모습을 드러낼 때 기적처럼 몰려든 오행의 조합이 삶의 향방을 결정한다. 그런 사주는 인간의 삶을 주사위 놀이로 보는 셈이다. 태어나면서 얻은 여덟 개의 글자는, 허공에 머물다 떨어진 주사위가 표출한 숫자들과 다르지 않다.

하지만 사주가 운명의 조짐을 귀띔해 줄 뿐이라고 여기는 이들도 있다. 운명은 암시일 뿐이다. 누군가 건네준 암시를 들고, 어떤 일상을 펼쳐나갈 것인지는 순전히 우리의 의지에 달렸다.

결국 비중의 문제다.

우리의 삶은 어느 정도는 팔자의 감옥에 갇혔다고 보는 게 사주의 입장이다. 문제는 완벽하거나 공고한 팔자의 감옥, 삶의 한계, 운명의 강제를 어떻게 뚫고 나가느냐 하는 게 된다.

오이디푸스는 신탁의 저주를 피하지 못했다. 정해진 운명, 팔자의 감옥을 이탈하지 못했다. 도망하려 했으나, 멀리서 지켜보던 운명은 끝내 오이디푸스를 습격해 삶 전체를 뒤흔들었고, 주저앉혔다.

오이디푸스에게 잘못이 있었던가. 외진 숲속에 버려지던 어린 오이디푸스에게도, 방랑 중에 자신의 아버지를 죽인 청년 오이디푸스에게도 잘못은 없었다. 그는 자기 삶에 최선을 다했다. 하지만 운명은 한시도 그의 곁을 떠나지 않았다.

사주는 분류의 기술인 동시에 운명 담론이다. 그런데 우리는 왜 운명을 궁금해 할까. 오이디푸스는 자신의 운명을 무력화하고 싶었다. 자신의 삶을 제한하고 있는 테두리를 뛰어넘으려 했다. 뛰어넘지 못했다.

그럼에도 우리는 사주와 팔자라는 이름으로 어렴풋이 파악된 운명을 뛰어넘기 위해 노력한다. 그런 바람마저 없다면, 우리의 사주 공부는 그저 공염불이 되고 만다. 그냥 되는 대로 살 거라면 사주가 정해 놓은 운명을 알든 모르든 아무 차이가 없다.

하지만 자유의지만으로 운명을 뛰어넘진 못한다. 인간의 의지에는 뚜렷한 한계가 있다. 사실 자유의지란 게 실재하는지도 알 수 없다.

그럼에도 불구하고 팔자의 한계를 뛰어넘으려 노력하는 것, 주어진 운명을 이탈하는 방법을 궁리하고 모색하는 게 서른 날에 걸쳐 펼쳐질 사주 공부의 중요한 목표가 되겠다.

2부

사주

여섯째 날 ―――――――――――――――――――

복잡할 게 없다

화투(花鬪)란 이름은 매혹적이다. 꽃의 전쟁이어서 화투다. 화투판에서 꽃들은 정말 전쟁을 벌인다. 1월의 솔, 2월의 매화, 3월의 벚꽃, 4월의 등나무, 5월의 난초, 6월의 모란, 7월의 싸리, 8월엔 꽃도 나무도 다 사라져 빈산에 밝은 달만 덩그러니 남는다. 이른바 공산명월(空山明月)이다. 9월에 다시 국화, 10월의 단풍, 11월의 오동, 12월엔 버드나무……. 그러나 전쟁을 벌인다 한들, 꽃들은 결국 제 계절에만 살아남는다. 그건 꽃뿐 아니라 모든 존재의 운명이다.

화투로는 고스톱을 친다. 하지만 고스톱만 치는 건 아니다. 화투로 할 수 있는 놀이 중엔 민화투도 있고, 짓고땡도 있다. 고요한 새벽에 담요를 펼치고 홀로 화투점을 치는 사람도 있다.

주어진 사주로도 할 수 있는 게 여럿이다. 화투를 다양하게 활용하는 것처럼, 사주의 풀이 방법도 여럿이다. 사주를 푸는 유일한 방법이 존재하는 것처럼 말하는 사람이 있다면, 한 번쯤 그 의도를 의심해도 좋다. 그는 사주에 '진입장벽'을 치고 있는지도 모른다. 사주의 기술을 독점하려 하는지도 모른다.

열두가지 띠

옛날 어른들은 '띠'로 많은 얘기를 했다. 운세도 봤다. 그런 전통이 한때 신문의 한구석까지 큼지막하게 차지했지만, 이젠 더 이상 신문을 읽지 않으니 있는지 없는지 아는 사람이 드물다. 하지만 찾아보면 신문 아니라 인터넷 뉴스 사이트에도 남아 있다. 어느 사이트에선가 이런 콘텐츠를 봤다.

2025년 ○○월 ○○일 띠별 '오늘의 운세'

'소띠'

가벼운 산책으로 기분을 상승시켜라

1949년생, 복잡할 땐 한발 물러선다

1961년생, 확장하면 실패한다, 미뤄라

1973년생, 누군가 도움을 건넨다, 신중하라

1985년생, 당신의 허점을 노리는 사람이 많다

1997년생, 딴짓하지 말고, 앞을 보라.

    세상의 소띠들은 정말 오늘 하루를 이렇게 지내면 좋을까. 그보다 이 운세는 착한 눈망울로 우두커니 서 있기 좋아하는 소의 행보를 본 딴 걸까. 신문에 운세를 제공하는 사람을 하나 안다. 언젠가 그에게 물었다.
    "이 운세들 정말 띠별로 매일 뽑습니까?"
    그가 웃으며 답했다.
    "그럴 리가요. 정리해 둔 데이터를 적당한 간격 두고 돌리는 거죠."

    요즘의 오늘 운세는 그렇게 짧은 단문의 데이터를 모아뒀다가 사람들이 잊을 만할 때 다시 불러내 무작위로 돌리지만, 예전엔 정말 띠별로 정해진 성향이 있다고 생각했다.

호랑이(인): 거칠다, 관심사엔 온몸으로 뛰어든다
토끼(묘): 상냥하고 온화하다, 평화를 사랑한다
용(진): 생명력이 넘친다, 무모할 때도 있다
뱀(사): 지혜롭고, 은밀하다
말(오): 쾌활하고, 독립적이다
양(미): 소심하고 예민하다

원숭이(신): 까불지만, 주위를 즐겁게 한다

닭(유): 꼿꼿하다, 인생에 굴곡이 있다

개(술): 충성할 줄 안다, 일관적이다

돼지(해): 고집이 세고, 충동적이다

쥐(자): 근면하고 검소, 남들과 쉽게 사귄다

소(축): 조용하지만, 옳다고 생각하면 굳세다

열두 띠에 관한 품평은 '집단 운명'에 대한 믿음을 전제한다. 띠는 태어난 해에 따라 결정되니까. 하지만 같은 해에 태어난 사람이 모두 같은 성향을 지닐까. 그럴 리가. 그러나 여전히 태어난 시대를 아예 무시하긴 어렵다. 예컨대 어느 사회든 베이비붐 세대에 속하는 사람들은 치열한 경쟁을 겪는다. 성정에 영향을 줄 수밖에 없다.

요즘이야 그럴 일 없지만, 옛날 같으면 가뭄에 태어난 사람과 풍년에 태어난 사람들의 운명은 '집단적으로' 구분될 수 있다. 전쟁 중에 태어난 사람들과 평화로운 시기에 태어난 사람들도 마찬가지다. 띠에 관한 얘기를 미신으로만 몰아댈 필요는 없다.

이쯤 해서, 셋째 날 제시했던 사주의 인물을 다시 소환해 보자. 기억날 거다. 뱀처럼 은밀한 성격의 소유자로, 차가운 칼처럼 냉정한 사람일 거라 추측했던 사람이다. 정사년, 신해월, 경신일, 무인시에 태어난 바로 그 사람이다.

시	일	월	연
戊(무)	庚(경)	辛(신)	丁(정)
寅(인)	甲(갑)	亥(해)	巳(사)

이 인물의 성향과 운명을 추측하면서, 사실 우리는 이미 사주의 원시적인 또는 기본적인 풀이 방법을 경험했다. 기억을 되살리면서 앞으로 나아가자.

첫 번째 방법: 태어난 해를 본다

우리가 팔자(여덟 개의 글자) 또는 사주사주(네 개의 기둥)라고 부르고 있는 매트릭스(행렬)의 구성요소에 이름부터 선사하자.

시주	일주	월주	연주
시간	일간	월간	연간
시지	일지	월지	연지

어렵지 않다. 팔자의 윗줄은 천간(십간)에서 오니 일제히 '간'이 붙었고, 아랫줄은 지지(십이지)에서 오니 모조리 '지'가 붙었다. 간과 지

를 통칭하는 연주, 월주, 일주, 시주의 '주'는 기둥을 뜻하는 주(柱)다. 사주가 '사주(四柱)'인 이유다.

사주를 해석하는 방법은 하나가 아니다. 지극히 단순한 것부터 요즘 사주풀이의 방법처럼 꽤나 복잡한 것까지 다양한 층위다.

가장 단순한 것부터 살펴보자. 여덟 개의 구성요소 중 연지만 남겨 두고 모두 날리는 거다. 띠로 사람의 성향을 파악하는 방법이다.

시주	일주	월주	연주
○	○	○	○
○	○	○	巳(사)

연지만 남긴 사주를 보고 알 수 있는 건 하나다. 이 사람이 뱀의 해에 태어났다는 사실이다. 정사년에 태어난 이 사람은 뱀띠(巳年)다.

그런데 여기서 한 걸음 더 나아갈 수도 있다.

앞서 열두 가지 띠의 성향을 짧게 정리하면서, 의식적으로 인묘진, 사오미, 신유술, 해자축의 순서를 택했다. 자축인묘……, 대신 인묘진 사오미…… 순으로 익혀야 한단 점을 강조하기 위해 그렇게 했다.

이때 두 번째 뭉치의 '사오'는 모두 불을 뜻한다.

복습하자.

오행으로 따지면 이 사람이 태어난 해는 강렬한 불이 타오르던 시기다. 뱀이 뜻하는 차가운 성격과 무언가 어긋나고 말았다. 그러나 이런 모순이 생겨야 그 모순을 해결하기 위해 새로운 생각들을 한다.

목(木)	화(火)	토(土)	금(金)	수(水)
인묘	사오	진술축미	신유	해자

태어난 해에 연관된 동물의 성격으로 사람의 성향을 판단하려던 발상은 난관에 부딪혔다. 동물로 상징되는 띠로서의 사(巳)는 차가운데, 오행으로 치환한 사(巳)는 뜨겁다.

사주를 해석하는 다른 방법을 모색하게 된다.

사주 전체를 오행으로 치환해 보는 건 어떨까.

두 번째 방법: 오행의 구성을 살핀다

생소하지 않다. 셋째 날 공부에서 이미 해봤던 '변환'이다.

戊庚辛丁(무경신정) → 土金金火(토금금화)
寅申亥巳(인신해사) → 木金水火(목금수화)

오행으로 바꾸고 보니 '금'이 많다. 금이 뜻하는 쇠는 차다. 그럼 다시 띠가 상징하는 냉혹, 냉혈과 맞아떨어진다. 그러나 우연일 뿐이다.

띠는 뱀이지만, 사주 전체의 오행 구성에선 불(화)이 많을 수도, 나무(木)가 많을 수도 있다.

그런데 정말 중요한 문제는 따로 있다.

사주를 띠로 푸는 방법도, 오행의 구성으로 푸는 방법도 너무 쉽다는 것이다. 쉬운 게 왜 문제일까.

너무 쉬우면 사람들은 싫증낸다. 신비감도 느끼지 못한다. 싫증나고 뻔한 이야기들은 사람들에게 강한 인상을 남기지 못한다. 그럼 오래가지도 못한다.

하나의 이론, 하나의 체계가 세월을 넘어 지속되려면 '진입장벽' 같은 게 필요하다. 전문가의 아우라 같은 게 느껴져야, 사람들은 그 이론과 체계를 존중한다.

이렇게 말하고 보니 뭔가 심사가 뒤틀린 사람의 품평 같기도 하다. 어쩌면 자신의 정체를 꼭꼭 숨긴 운명에 접근하기 위한 처절한 노력이었을 수도 있겠다. 의도적으로 진입장벽을 세운 게 아니라, 난해한 운명에 다가가기 위한 고육지책으로 봐야 옳지 않겠느냐는 얘기다.

어떤 판단이 진실에 가까울까. 판단하기 쉽지 않은 문제다.

사주가 왜 복잡해졌는지 그 이유에 관한 논쟁은 미루고, 그들의 진화를 계속해서 좇아가 보도록 하자.

어떤 이유에서였는지 모르지만, 사주풀이는 띠를 보거나 오행의 구성을 살피는 일을 넘어 중요한 도약을 감행하는데, 그때 태어난 날의 천간, 즉 일간(日干)이 주도적 역할을 하게 된다.

천 년 전 한 천재가 "한 사람의 운명은 일간에 좌우된다"고 선언하면서 명리학계 전체가 충격에 휩싸인다.

일곱째 날 ──────

천 년 전의 폭탄선언

얼마 전 서양 클래식 음악에 관한 해설서를 읽는데, 글쓴이의 조언이 맘에 와 닿았다. 음악사(史)나 작곡가, 악기에 관한 전문 지식에 집착할 게 아니라 음의 강약과 음색, 음질에 집중하란 얘기였다.

음악에 관한 사전 지식 없이도 우리는 들려오는 소리가 센지(포르테), 여린지(피아노) 느낄 수 있다. 바이올린, 첼로, 클라리넷, 오르간의 음색과 음질을 구분하며 즐길 수 있다. 그럼 클래식 음악을 감상할 준비가 된 것이고, 음악 감상에서 가장 중요한 능력을 구비했단 얘기였다.

듣고 보니 그렇다. 내 즐거움을 위해 듣는 음악인데, 뭘 더 바라겠나. 번잡한 지식, 복잡한 형식에 얽매일 필요 없다.

사주도 마찬가지다. 사주는 긴 세월, 수많은 이들의 방법론과 이론이 쌓여 만들어진 체계다. 그중엔 사람들에게 외면당해 사라진 것들도 많다. 남은 것들도 다 알아야 할 필요는 없다. 최소한의 규칙을 익히고, 그걸 자기 필요에 따라 확장해 나가면 된다.

그런 맥락에서 기본으로 알아야 할 최소한의 규칙, 필수적인 구성요소는 무얼까.

목, 화, 토, 금, 수 오행일까.

아니다. 그보다 더 중요한 건 당연히 가장 단순한 의미에서의 사주와 팔자, 그러니까 네 개의 기둥과 여덟 개의 글자다. 연주, 월주, 일주, 시주의 사주, 연간·연지, 월간·월지, 일간·일지, 시간·시지의 팔자에 대해서만 잘 알아도 사주를 활용하는 데 큰 어려움이 없다.

그런데 클래식 음악에서라면 음의 강약과 음색에 해당할 연, 월, 일, 시에 대해 꼭 집고 넘어갈 게 있다.

일간엔 표정도 색깔도 없다

연, 월, 일, 시 네 개의 구성요소를, 기본 단위만 다를 뿐 성질은 똑같은 것처럼 차별 없이 나열하며 활용하고 있지만 그렇지 않다. 월과 시, 연과 일 사이에는 중대한 차이가 있다.

일상적인 느낌에서 시작해 보자.

월과 시에선 뭐랄까, 어떤 현실감 같은 게 묻어난다. 월에 관해 먼저 생각해 볼까.

1월부터 12월까지 열두 달은 그냥 건조한 숫자가 아니다. 1~12의 숫자엔 계절이 섞여 있다. 사주에선 2, 3, 4월을 봄으로 친다. 24절기를 찾아보면 입춘이 2월 초에 있다. 5, 6, 7월은 여름이다. 입하가 5월 초에 위치한다. 같은 식으로 8, 9, 10월은 가을, 11, 12, 1월은 겨울이다.

요즘 우리의 계절 감각과는 차이가 있다. 24절기의 발상지가 우리가 사는 한반도와 다른 지역인 게 이유일 수 있고, 최근의 기후 변화가 이유일 수 있다. 또 사주든 주역이든 기미와 조짐, 암시를 중시한다. 입춘은 '곧 봄'이란 뜻이고, 입하는 '곧 여름'이란 뜻이다. 사계절을 앞당겨 준비하잔 의미일 수도 있단 얘기다. 깊이 따질 문제는 아니라고 생각한다.

자, 그럼 시는 어떨까.

시에도 기온과 햇살의 차이가 묻어 있다. 새벽 4시와 낮 12시는 확연히 다르다. 새벽 4시는 어둡고 차다. 낮 12시는 환히 밝고 따뜻하다.

월과 시는 단순한 숫자가 아니라, 계절과 밤낮의 기온, 풍광을 담은, 말하자면 인간화한 기호다. 환경과 사람의 교감을 담고 있다.

하지만 연과 일은 다르다.

1917년과 2027년 사이엔 자연적이거나 인간적인 차이가 없다. 1917년도, 2027년도 그냥 기계적으로 돌아가는 세월에 붙인 숫자일 뿐이다.

1일부터 30일 또는 31일까지의 숫자도 마찬가지다. 3월 1일과 12

월 7일 사이에 인간적이고 자연적인 차이를 만들어내는 건 3월과 12월이란 월 구분이다. 1일과 7일 사이에는 '질적인' 차이가 없다.

연과 일은 아무런 계절적, 환경적, 인간적 의미를 담지 않은 채 쳇바퀴 돌 듯 계속 돈다.

이렇게 계절과 밤낮을 함축한 채로 돌고 도는 월·시와 달리, 연·일에는 아무런 기후적 특성도 묻어나지 않는다. 그냥 숫자의 반복이다. 비유적으로 얘기하자면 연과 일에는 아무런 색깔도 표정도 없다. 추상적인 숫자(또는 기호)일 뿐이다.

연, 월, 일, 시의 이런 특성은 사주 체계에 어떤 영향을 끼칠까.

사주 그러니까 만세력의 시각에서 월은 요즘 쓰는 서양 달력의 1~12월과 기계적으로, 일대일로 대응한다. 열두 개의 지지를 12개월에 배정하면 이렇게 된다.

인묘진	사오미	신유술	해자축
寅卯辰	巳午未	申酉戌	亥子丑
2, 3, 4월	5, 6, 7월	8, 9, 10월	11, 12, 1월

십이지 중 '인묘진'이 봄이었단 사실을 떠올리자. 다시 말하지만 사주에서 십이지는 인묘진을 시작점으로 삼는다.

시간도 십이지와 기계적으로, 일대일로 대응한다.

인묘진	사오미	신유술	해자축
寅卯辰	巳午未	申酉戌	亥子丑
04, 06, 08시	10, 12, 14시	16, 18, 20시	22, 24, 02시

하지만 계절이나 밤낮을 담지 않은 채 기계적으로 반복되는 연과 일은 십이지와 고정적, 기계적으로 연결되지 않는다. 만세력에서 찾지 않으면 알 수 없다.

중요한 것은 태어난 날이다

다시 사주 푸는 방법에 관한 얘기를 이어가자.

사주를 푸는 데 유일한 방법이 있는 건 아니라고 했다. 앞서 띠와 오행 구성만으로 한 사람의 특성을 살펴 본 건 그런 맥락에서다.

먼저, 사주의 여덟 개 글자 가운데 연지를 뺀 일곱 개의 요소를 모두 없애고 한 사람의 띠에만 주목했다. 이후 팔자를 오행으로 치환한 뒤 구성을 살펴보기도 했다.

그런데 천 년 전 중국에서 폭탄선언이 하나 터져 나왔다. 여덟 개의 글자를 놓고 사람의 운명을 밤낮으로 궁리하던 한 천재가 세상을 향해 외쳤다.

태어난 날에 주목하라!

 연, 월, 일, 시 가운데 연과 일에는 표정이 없다고 했다. 천재는 표정 없는 두 개의 시간 요소 중, 아무래도 개인적인 특성과 더 관계가 있을 것 같은 일주에 집중했다. 생년보다는 생일이, 아무래도 한 사람의 개인적 특성을 담고 있을 확률이 크다.

 나아가 일주를 이루는 일간과 일지 가운데, 일간을 지목했다.

 하늘의 일(천간)은 지상의 일(지지)에 비해 추상적일 수밖에 없다. 천 년 전의 천재는 사주 그리고 팔자 중에서 가장 추상적인 요소 하나를 고르고자 했던 걸까. 하늘이 한 사람 한 사람에게 내려주는 운명을, 그에게 부여된 가장 순수한 기호에서 찾으려 했는지 모른다.

 구체적인 인지적·감각적 특성을 전혀 갖고 있지 않은 일간을 사주의 주체로 삼게 되면서 사주 체계는 갑자기 추상화됐다. 이 같은 추상화는 사주 체계를 든든하게 지켜주는 진입장벽의 역할까지 하게 된다. "태어난 날에 주목하라!"는 선언과 함께 사주는 전문가의 영역으로 끌어올려졌다.

 일간은 감각적이고 인식적인 구체성을 결여하고 있을 뿐 아니라 만세력이라는 전문적 도구를 통해서만 파악할 수 있다는 측면에서도 진입장벽이다. 태어난 날의 간지는 당연히 매일매일 변하기 때문에 그 간지를 기록해 놓은 달력, 즉 만세력을 찾아봐야 알 수 있다. 사람 머리로 일일이 기억하고 다니지 못한다.

자, 그래서 우리가 탐구하고 있는 뱀띠 인물의 사주는 이번엔 이렇게 축약된다.

시주	일주	월주	연주
○	庚(경)	○	○
○	○	○	○

다시 목, 화, 토, 금, 수 오행을 떠올리자. 경(庚)은 열 개의 천간 가운데 신(辛)과 함께 쇠에 해당했다. 경은 정제, 정련되기 전 거대한 쇠의 무리였고, 신은 예리한 칼이었다. 동시에 우리가 '사주는 분류'라고 말하며 열거했던 열 가지 특성 중 하나이기도 하다.

이렇게 우리는 둘째 날 공부를 할 때, MBTI·혈액형의 사람 분류와 비교하며 언급했던 열 가지 사주 분류로 돌아온 셈이다. 일간에 천간 열 글자 중 무엇이 들어가느냐에 따라, 우리는 한 사람의 특성을 열 가지로 나눌 수 있게 된다.

사주의 열 가지 사람 분류를 다시 소환해 보자.

솟아오르는 나무(갑), 가녀린 풀(을), 작열하는 태양(병), 고요한 촛불(정), 광활한 사막(무), 비옥한 토지(기), 거대한 광산(경), 예리한 칼(신), 드넓은 바다(임), 은은한 시냇물(계)

정갈한 분류다.

아름다운 풍경이다.

여덟 개의 기호 중 가장 추상적인 기호로 폭풍 같은 삶을 사는 '사람'을 설명하겠다는 발상은 파격적이다. 하지만 사주 체계가 이 정도 단순한 방법론으로 천 년 세월을 견뎠을 리는 없다.

"사주에서 중요한 건 일간!"이라고 선언한 천재의 진정한 위대함은, 사실은 이후 행보에서 드러난다.

여덟째 날 ―――――――――――――――――――

그날, 사주의 탄생

천 년 전의 천재는 팔자의 여덟 개 요소 가운데 지극히 추상적인 일간에 특별한 의미를 부여하면서 사주의 원시성을 떨쳐냈다. 하지만 여기서 멈추지 않는다. 그는 일간이 놓인 '맥락'에 관해 생각한다.

한 사람의 일간이 어떤 환경에 놓여 있는지 주목했다. 일간을 둘러싼 나머지 일곱 개의 요소에 따라, 일간의 의미 자체가 달라질 수 있겠다는 생각을 하게 된 것이다.

○ 庚 ○ ○

○ ○ ○ ○

같은 경금(庚金)의 일간이라도, 연간·연지, 월간·월지, 일지, 시간·시지의 오행 분포에 따라 다른 성정과 운명을 갖게 될 것이라 직감했다.

사계절, 아름답고 강력한

일간이 놓인 환경 또는 맥락에 주목하며 수많은 사람의 사주를 살펴보던 명리의 고수는, 화창한 여름날 근처 호수로 나들이를 갔다가 강렬한 경험을 한다.

여섯 달 전 눈 내리던 겨울과는 확연히 달라진 풍경이 펼쳐지고 있었다. 따스한 공기가 옷깃을 풀게 했다. 겨울과 여름은 아예 다른 세상이다. '그'는 전혀 다른 두 세상을 추억하거나 경험한다.

정신이 혼미해질 무렵, 낯선 생각 한 줄기가 섬광처럼 떠올랐다.

일간을 둘러싼 일곱 개의 글자가 모두 같은 무게를 갖는 건 아니겠구나……

그는 한 사람이 태어난 계절의 중요성에 대해 생각했다. 사계절의 힘은 너무나 강력하고 압도적이다. 봄, 여름, 가을, 겨울은 우리의 일상을 쉬지 않고 바꾸어 나간다. 봄의 세상과 가을의 세상은 딴판이다. 햇빛 쏟아지는 여름과 찬바람 휘몰아치는 겨울은 같은 세상이 아니다. 사계절의 변화 속에서 같은 공간은 없다.

그는 일간과 함께 월지를 주목했다. 월지엔 계절이 담겼다. 월지, 즉 계절의 변화를 살피지 않고 한 사람이 처한 '사주적 풍토'를 판단하는 것은 불가능했다. 사주풀이가 일간과 월지의 대비로 거듭나는 순간이다.

○ 庚 ○ ○
○ ○ 亥 ○

일간과 월지만으로 단순화한 팔자를 오행으로 치환하면 어떻게 될까.

○ 金 ○ ○
○ ○ 水 ○

두 개의 매트릭스를 찬찬히 살펴 볼 필요가 있다. 여덟 개의 글자 가운데 두 개의 글자만 남았다. 일간과 월지만 존재한다.

현대의 사주풀이는 이렇게 단순화한 매트릭스에서 시작한다. 일간-월지의 관계에서 복잡하고 다단한 현대의 사주 담론이 탄생한다. 일간-월지의 관계를 살펴보는 게 요즘 사주의 '거의 모든 것'이다.

이제 일간과 월지의 관계를 해석하는 방법을 알아보자. 그런데 논의를 이어가기 전에 생각해보고 싶은 문제가 하나 있다. 천 년 전의 사주 천재가 월지의 중요성을 체감하고, 사주 체계를 혁신한 곳은 중국의 어디쯤이었을까.

중국엔 상유천당하유소항(上有天堂下有蘇杭)이란 말이 있다. '하늘엔 천국, 땅엔 소주와 항주'란 뜻이다. 비옥한 토지와 빼어난 풍광으로 가득한 소주와 항주를 그들은 지상 낙원, 지상 천국으로 쳤다.

운명에 관한 걸출한 이론을 만들었던 천 년 전의 천재가 사주의 혁신을 꿈꾸며 거닐던 곳은 아마도 소주나 항주였으리라 생각한다.

세 번째 방법: 현대의 사주풀이

그러나 소주나 항주가 아니면 어떤가. 추상으로만 치닫는(일간) 대신, 자연에 가득한 바람과 빛을 자신의 체계로 끌어들였다는(월지) 사실은 사주 체계의 복합성을 알려준다. 그런 복합성이야말로 사주가 천년 세월을 견디며 살아남은 이유라고 믿는다.

자, 이제 일간과 월지 그러니까 지독한 추상과 구체를 버무려 사주의 표준 공식을 만들어 내는 일이 남았다.

공식을 도출하기 전, 정지(整地) 작업 차원으로 정리를 좀 해보자.

일간의 오행과 사주 전체의 오행을 연관시켜, 그 상관관계를 살피는 게 사주의 핵심이며 모든 것이다. 그리고 그 상관관계는 다섯 또는 열 가지로 유형화할 수 있다는 게 명리연구가들의 생각이다.

이때 사주 전체의 오행은 태어난 달의 오행에 의해 지배된다. 월지의 오행은 일간을 제외한 일곱 개의 간지 기호 중 개수로는 칠분의 일이지만, 비중으로는 압도적 영향력을 갖는다.

태어난 달은 봄, 여름, 가을, 겨울의 사계절과 연관되는데, 사계절은 오행과 직접 연관된다. 봄, 여름, 가을, 겨울은 비유의 차원이 아니라 실체적 차원에서 목, 화, 금, 수에 연결된다. 토는 계절 사이사이 환절기다.

계절의 강력함은 소주 또는 항주의 여름날, 천 년 전 사주 대가의 체험으로 맛보았다. 그만큼 태어난 달의 오행이 사주에서 차지하는 비중은 강력하다. 그런 맥락에서 사주 전체의 오행을 태어난 달의 오행으로 대체해 논의를 단순화하는 것이다.

이제 정말 공식을 도출할 순간이다. 표준 공식이니만큼 가장 전형적인 일간-월지로 이뤄진 사주를 하나 상정한다. 일간과 월지만 두고 나머지는 모두 지운 버전이다.

- **일간이 목(木), 월지가 화(火)인 경우**

오행은 목, 화, 토, 금, 수의 순서로 돈다. 첫 번째 목과 두 번째 화를 각각 일간과 월지에 배치했다. 물론 편의를 위해서다.

시	일	월	연
○	木	○	○
○	○	火	○

남은 문제는 단순하다.

태어난 날의 천간 목과 태어난 달의 지지 화의 관계만 살핀다. 그 관계에서 한 사람의 성격과 운명을 뽑아내는 게 현대 사주가 하는 일이다. 다시 한 번 말하지만 그게 현대 사주의 전부다.

목은 한 사람의 스타일, 화는 그 사람이 처한 환경이다. 목의 오행 스타일을 가진 사람에게 화라는 환경은 무엇을 뜻할까.

목생화(木生火), 목은 화를 살리고

목은 화를 살린다. 누군가를 살린다는 건 자신의 기운을 그에게 건네는 일이다. 목이 화를 만나면, 목은 화에게 기운을 퍼준다. 북돋아 준다. 하지만 세상에 일방적으로 주기만 하는 경우는 없다. 친구들, 가족과의 관계를 떠올려 보면 알 수 있다. 내가 그에게 주는 동안, 나는 그에게 의지한다. 그도 나에게 중요한 무엇인가를 주고 있다.

목은 자신의 기운을 건네는 동안, 자신이 운신할 공간을 얻는다. 목에게 화라는 환경은 자신을 발산하고 표현하는 공간이다.

일간이 목인 사람이 사주 구성에 있어 화로 상징되는 환경을 갖게 되면 그 사람은 자기표현에 능하고 외향적인 캐릭터를 갖게 된다. 발산하고 표현하기 때문이다. 이게 사주의 판단이다.

이런 사람이라면 직업적으로 자기표현을 삶의 무기로 삼는 연예인이 될 수도 있고, 말을 잘해야 살아남는 강사도 될 수 있다. 직업과 관계없이 그는 활달한 성격으로 회사나 지역 사회에서 쾌활하고 원만한 사람으로 평가받는다.

• **일간이 목(木), 월지가 토(土)인 경우**

시	일	월	연
○	木	○	○
○	○	土	○

목과 토는 상생상극의 맥락에서 어떤 관계일까.

목극토(木克土), 목은 토를 치고

맞다. 목은 토를 친다. 치려면 먼저 끈질기고 집요하게 좇아야 한다. 목은 토를 얻기 위해 먼저, 추구한다. 갈망한다. 목(일간)-토(월지)의 관계에서 사주의 대가들은 어떤 특성을 포착했을까. 돈, 재물에 관한 탐닉을 읽어냈다. 목의 스타일을 가진 사람에게 토라는 대상은 재물을 뜻한다.

• **일간이 목(木), 월지가 금(金)인 경우**

시	일	월	연
○	木	○	○
○	○	金	○

상생상극의 맥락에서 목은 금을 두려워한다. 조심하고 경계한다.

금극목(金克木), 금은 목을 치고

월지의 금은 사주의 주인인 일간의 목을 친다. 통제하고 제어한다. 사주의 주인공은 자기통제에 능한 사람이 된다. 직업적으로는 신중함을 필요로 하는 참모나 공무원에 어울리는 사람이 된다.

• **일간이 목(木), 월지가 수(水)인 경우**

시	일	월	연
○	木	○	○
○	○	水	○

상생상극의 관점에서 목은 자신을 돕는 우군을 늘 옆에 두고 있다.

수생목(水生木), 수는 목을 살리고

이런 상황이 조성되면, 사주의 주인공은 지식을 잘 축적하고 또 지혜롭다. 누군가 보이지 않는 곳에서 나를 돕고 있는 중이다. 공부하는 직업을 갖기 쉽다.

• **일간과 월지가 모두 목(木)인 경우**

시	일	월	연
○	木	○	○
○	○	木	○

이런 사주를 가진 사람은 자의식이 강하다. 고집이 세다. 독립적으로 그게 지나치면 독단적으로 일을 해나간다.

다섯 가지 경우를 정리해봤다.

일간이 목인 사람의 사주를 유형화해 그의 특성을 뽑아내면 다음과 같은 표가 된다. 목이 화→토→금→수로 바뀌어도 원리는 같다.

일간	월지	사주 주인공의 성향
木	木	독립심(Independence)
	火	표현력(Expression)
	土	돈(Money)
	金	통제(Control)
	水	지식(Knowledge)

일간의 오행만으로 사람의 특성을 판단할 때만 해도 사주는 '자연'에 가까웠다. 처음 분류를 얘기할 때, 오행을 음과 양으로 나눠 열 개의 성격 유형을 뽑아낸 적이 있다. 우람한 나무, 가녀린 풀에서 시작해 거대한 바다, 은은한 시냇물로 끝나는 열 개의 카테고리를 얘기했다.

하지만 개별 오행을 넘어 일간-월지의 '관계'를 체계에 끌어들이면서, 사주는 자연 아닌 인간사 쪽으로 근접해 간다. 독립심, 표현력, 돈, 통제, 지식이란 다섯 가지의 키워드는 그렇게 나왔다.

사주는 이렇게 도출한 성격적 특성을 한 사람의 직업과 운명까지 일관되게 끌고 간다. 표현력이란 특성이 연예인이나 강사라는 직업에 연결되는 것처럼, 독립심은 정치인이나 개인사업자로 이어진다. 돈은 사업가, 통제는 관료나 공무원, 지식은 교사, 교수, 학자로 연결되는 성향으로 자리매김한다.

태어난 날의 오행이 목 아닌, 화·토·금·수가 되더라도 '사주 주인공의 성향' 항목은 똑같이 정리된다. 중요한 건 오행의 개별적 특성이 아니라, 오행 간의 관계(일간-월지)이기 때문이다.

이 원리를 적용하면 표는 네 개 더 만들어진다. 그 네 개의 표를 더하면 사주의 모든 가능성이 망라된다. 누구든 스마트폰의 무료 만세력 애플리케이션을 찾아 천간과 지지로 이뤄진 사주 또는 팔자를 뽑고, 그 안에서 일간과 월지를 떼어내 비교하기만 하면 자신의 대체적인 성격과 직업을 알 수 있다.

이처럼 타고난 오행(일간)과 환경(월지)의 관계를 오행의 상생상극 원리에 비추어 보는 방식으로, 사주 주인공의 성격과 직업, 운명을 파악하는 게 현대 사주의 전부다.

사주의 운명 해설은 그것이 아무리 복잡하고 비밀스럽게 보여도 이 같은 원리에서 한 발을 벗어나지 못한다.

다섯 개의 표에 나타난 오행의 관계를 통해 사주는 진일보한다.

일간 火(화)를 보자. 불의 날(일간)에 태어난 사람은 모두 불같은 다혈질의 성정을 지닐까. 그렇지 않다. 불의 날에 태어났더라도, 그날이 물의 달(월지)에 속한다면, 이 사람은 흥분 잘하는 자신의 성정을 제어할 가능성을 얻게 된다.

일간	월지	사주 주인공의 성향
火	火	독립심(Independence)
	土	표현력(Expression)
	金	돈(Money)
	水	통제(Control)
	木	지식(Knowledge)

일간 土(토)를 보자. 흙의 날(일간)에 태어난 사람은 왠지 성실하고 묵직할 것만 같지만, 그의 생일이 물의 달(월지)에 속한다면 집요하게 재물을 좇으며 살아갈 가능성도 있다.

일간	월지	사주 주인공의 성향
土	土	독립심(Independence)
	金	표현력(Expression)
	水	돈(Money)
	木	통제(Control)
	火	지식(Knowledge)

일간으로 金(금)을 가진 사람은 어떨까. 쇠의 날(일간)에 태어났으니 차갑고 냉정할까. 만약 이 사람이 물의 달(월지)에 태어난 거라면,

자신을 어떻게든 주위 사람들에게 드러내기 위해 안달일 수도 있다.

일간	월지	사주 주인공의 성향
金	金	독립심(Independence)
	水	표현력(Expression)
	木	돈(Money)
	火	통제(Control)
	土	지식(Knowledge)

일간 水(수)를 보자. 물의 날(일간)에 태어난 사람은 지혜롭고 유연하다. 조용한 성정을 타고난다. 하지만 이 사람이 태어난 물의 날이 나무의 달(월지)에 속한다면 어떤 일이 벌어질까. 무언가 자신을 뽐내고 싶은, 표현하고 싶은 충동을 함께 갖게 된다.

일간	월지	사주 주인공의 성향
水	水	독립심(Independence)
	木	표현력(Expression)
	火	돈(Money)
	土	통제(Control)
	金	지식(Knowledge)

일간-월지의 조합을 체계 안에 끌어들이면서, 사주명리의 세계는 훨씬 더 풍요로워진다. 자연과 풍경이 지배하던 세상에서 나와, 희로애락 가득한 사람들의 세상으로 진입한다.

아홉째 날

십신, 용신, 부적

여덟째 날의 공부를 통해 현대 사주의 핵심을 익혔다. 일간과 월지의 관계를 통해 추출한 다섯 가지의 특성은 간략하지만 강력한, 현대 사주의 무기다. 그리고 확언한 대로 현대 사주의 본질이다. 나머지 얘기들은 어쩌면 군더더기다.

'군더더기'에 대한 해설을 아홉째 날 공부에 할애한다. 군더더기이지만 사주 담론에서 광범위하게 쓰이는 용어들이기 때문이다. 이 용어들은 여덟째 날 마련한 기본 도식을 세분화하거나 심화하는 과정에서 나왔다. 익혀 두면 편하다.

시중의 '교과서'들이 사주의 본질로 추켜세우기도 하는 용어들이다. 하지만 그렇게 봐야 할지 의문이다. 때에 따라선 사주 체계 전체를 혼돈에 빠뜨리기 때문이다. 최대한 간략히 설명할 생각이다.

십신(十神)과 중화(中和), 용신(用神)에 관한 얘기다. 십신은 세분화, 중화와 용신은 심화에 해당한다.

십신

현대 사주는 일간을 중심으로 돈다. 한 사람의 사주는 여덟 개의 오행으로 이뤄지니 일간을 빼면 일곱 개의 오행이 남는다. 일곱 개의 오행 중 월지의 오행이 너무 강력해, 나머지 오행들에 관해선 잠시 잊은 채로 논의를 진행했다.

하지만 나머지 일곱 개 오행의 영향력이 아예 사라지는 건 물론 아니다. 일곱 개의 오행에도 제 자리를 마련해줘야 한다.

앞서 얘기한 대로, 일간의 오행에 따라 사주에 있는 나머지 오행은 완전히 새로운 의미를 지닌다. 자연적인 오행(목, 화, 토, 금, 수)에 불과했던 것들이 일간과의 관계를 통해 파악되면서 새로운 차원의 다섯 가지 요소(독립심, 표현력, 돈, 통제, 지식)로 변했다. 그건 월지를 포함한 일곱 개의 오행에 똑같이 적용된다.

그런데 오행에 음양이 가미되면 다섯 가지 요소는 열 가지로 세분화한다. 그게 십신이다.

일간이 목일 때, 십신을 도식화하면 다음 장처럼 된다. 그게 십신이다. 오행을 주축으로 하는 사주가, 음양을 끌어들이면서 생기를 얻는다.

일간	오행	십신		사주 주인공의 특성
木	木	비견 (음양이 같을 때)	친구, 동업, 자존심, 고집	독립심 (Independence)
		겁재 (음양이 다를 때)		
	火	식신	자식(여자의 경우), 의식주, 예술	표현력 (Expression)
		상관		
	土	편재	아내(남자의 경우), 재물, 일	돈(Money)
		정재		
	金	편관	남편(여자의 경우), 관료, 조직	통제(Control)
		정관		
	水	편인	공부, 문서, 부동산, 의존	지식 (Knowledge)
		정인		

어려운 한자 용어들이 대거 등장했다.

비견(比肩)·겁재(劫財), 식신(食神)·상관(傷官), 편재(偏財)·정재(正財), 편관(偏官)·정관(正官), 편인(偏印)·정인(正印)

사주 교과서들에 명리의 기본처럼 등장하는 용어들이다. 하지만 기본은 따로 있다. 독립심, 표현력, 돈, 통제, 지식이다. 나머지는 다섯 가지 요소를 세분화한 것뿐이다. 용어에 매몰되면, 길을 잃는다.

일간이 양의 목(甲木 갑목)일 경우, 일간을 둘러싼 오행 중 하나가 양의 목(천간의 甲, 지지의 寅)이면 '비견'이란 이름을 얻는다. 음의 목(천간의 乙, 지지의 卯)이라면 '겁재'가 된다. 기준이 되는 일간이 달라지면 십신의 배열도 모두 달라진다.

십신에 대해 자세히 다루고자 하면 끝이 없다. 엄밀히 말하면, 없어도 좋을 진입장벽에 해당한다. 그래서 최대한 간단히 정리했다.

비견은 독립심이란 카테고리에서 파생됐다. 어깨를(肩, 견) 나란히 한단(比, 비) 뜻이다. 친구 사이나 동업 관계를 뜻한다. 독립의 주체가 사주의 주인공 한 사람에서 여럿으로 변했다. 하지만 그 밖의 타인들을 배제한다는 의미에서 여전히 '독립'적이다. 겁재는 기준으로 삼은 목이 돈(재물)에 해당하는 토를 치기 때문에(목극토) 붙은 이름이다. '재물이 되는 요소를 겁박한다'는 의미다. 오행의 관계를 좀 더 직관적으로 읽어냈다.

식신은 먹을 식(食)과 귀신 신(神)이 결합한 단어다. 사주에 식신이 많으면 굶어 죽을 걱정은 안 해도 된단 말들을 한다. 식신은 '표현력' 카테고리에서 가지 쳐 나왔다. 적극적으로 자기를 표현하는 특성이다. 옛사람들은 그렇게 자기를 드러내는 특성을 먹고 사는 능력에 연결했다. 상관은 겁재(재물에 해당하는 오행을 친다)처럼 오행의 관계에 직관적으로 주목한 개념이다. 표에 나타나 있듯, 목이 일간인 사람에게 '관'을 뜻하는 오행은 금이다. 그런데 상관에 해당하는 화는 금을 친다(화극금). 상관의 '상'은 해친다는 뜻의 상(傷)이다.

편재와 정재, 편관과 정관, 편인과 정인은 '편(偏)'과 '정(正)'이란 두 개념으로, 뒤에 붙은 재물(재)과 통제(관)와 지식(인)을 구분한다. '편'은 치우친다는 뜻이다. '정'은 조화로운 특성을 나타낸다. 예컨대 편재가 갑자기 큰 재물을 버는 특성을 갖는다면, 정재는 차근차근 재물을 모아 나가는 스타일이다.

'관'은 여자에게 남편을 뜻한다. '재'는 남자에게 아내다. 구시대적인 발상이다. 남자에게 아내는 '통제'나 '지배'의 대상이란 맥락이다. 남자는 '재물'을 좇듯, 여자를 추구하고 소유한다는 의미다. 사주는 그런 시대에 만들어졌다. 십신도 시대로부터 자유롭지 않다.

편인이 강하면 생기는 일

십신에 관해 이야기하다 보니 사주에 편인이 유난히 많던 한 지인이 생각난다. 사주 풀이 전반과 관련된 이야기라 잠깐 소개하고 넘어가려 한다.

편인이 많은 사람은 평소 눈치가 빠르지만, 남들이 안 볼 때 한없이 게으르다. 그런데 이런 사람 중에 간혹 자신이 부지런한 사람이라고 착각하는 경우가 있다. 눈치가 빠르다 보니, 자기가 속한 조직에서 생존을 위해 필요한 게 부지런함이란 사실을 직감적으로 안다. 그리고 거기에 자신을 맞추며 살아간다. 물론 다른 사람들을 의식할 때만이다.

가끔 지인들 사주를 봐주다 보면 "맞는 게 하나도 없다"고 투덜거린다. 실제론 게으르면서 자기가 부지런하다고 생각하며 사는 편인의 소유자도 그런 이들 중 하나다. 사주의 오류라기보다, 자기 판단의 오류에 가깝다.

명리 하는 사람들의 말에 따르면, 이처럼 자기 판단에 실패하는 사람이 전체 상담자 중 10%쯤 된다고 한다. 이런 사람들은 대개 고집도 세다. 그들의 고집은 몇 마디의 대화로도 금방 드러난다.

요약하면 이런 사람들의 문제는 강한 자의식이다. 강한 자의식엔 아집(我執), 즉 나에 대한 집착이 따라붙는다. 사주 풀이에 실수가 있는 경우도 물론 있다. 하지만 사주를 풀어 주는 쪽이 아니라 사주 주인공의 독특한 성격에 기인한 실수일 때가 더 많다. 이런 사람들은 사주로 뻔히 드러나는 본인의 성격, 돈·명예와 관련된 운명적 특성을 절대 믿지 않는다.

이런 사람과는 상담 자체가 어렵다. 그가 가진 사주의 진정한 모양새를 파악하기 어렵기 때문이다. 앞으로의 인생행로에 대해서도 적절한 이야기를 해 주기 어렵다.

사주엔 오행과 음양의 요소가 난마(亂麻)처럼 얽혀 있다. 당사자와의 상담을 통해서만 전모가 드러난다. 사주로 한 사람의 성격과 운명을 파악한다는 건 눈에 보이는 몇 가지의 단서로, 눈에 보이지 않는 실상을 추측해 내는 일이다.

이때 중요한 게 사주 소유자의 솔직한 '고백'이다. 사주의 전모를 파악하게 해 주는 가장 중요한 재료는, 사주 당사자가 들려주는 사연들이다.

그런데 사주 당사자가 자신에 대해 잘못된 허상의 이미지를 강하게 붙들고 있을 땐 이도 저도 되지 않는다. 주어진 여덟 개의 기호 안에만 머물며 사주를 풀어내는 데엔 한계가 있다. 살아가는 과정이 삶의 다양한 문제에 관해 적합한 답을 찾기 위한 탐색의 과정인 것처럼, 사주 푸는 과정도 그렇게 탐색과 대화, 조율을 거친다.

사주와 대운은 한 사람에게 지속적인 영향을 끼친다. 사람은 그런 환경 속에서 삶의 균형을 찾기 위해 애쓴다. 회복 없는 불운을 오랫동안 감당하며 살아가는 사람도 있지만, 대부분의 삶은 어려운 가운데에서도 균형을 회복하기 마련이다.

그러나 잘못된 자의식으로 사주와 완전히 딴판인 입장을 견지하고 살다 보면 사주 자체의 왜곡이 심해지고 파행으로 갈 수밖에 없다는 게 명리연구가들 사이의 정설이다. 과잉된 자의식을 날려야 편히 살 수 있는 길이 열린다.

중화와 용신

오행은 목, 화, 토, 금, 수 다섯 가지 기운의 순환이다. 사주의 매트릭스는 여덟 개의 항목으로 이뤄져 있다. 다섯 개의 요소가 여덟 개의 빈칸을 채우다 보면 '불균형'이 불가피하다. 한 사람의 사주엔 상대적으로 과다한 오행, 부족한 오행이 나타날 수밖에 없다. 부족한 상황을 넘어 오행 하나가 아예 없는 경우도 허다하다.

개인적인 얘기를 잠깐 해도 좋겠다.

필자의 사주 일간은 병화(丙火)다. 일간 외에 불의 기운이 하나 더 있다. 화(火)가 둘이란 얘기다. 목과 금은 하나씩이다. 토는 넷이나 된다. 그렇게 여덟 개의 칸이 채워진다.

그런데 오행 중 빠진 게 있다. 맞다, 물의 기운, 즉 수(水)가 없다. 제 사주엔 오행 중 수가 하나도 없다. 사실 대부분의 사주가 그렇다. 다섯 가지의 기운이 빠진 것 없이 구색을 갖춘 경우는 잘 없다. 그럼 어떤 일이 생길까.

수는 '관'에 해당한다. 화가 일간인데 사주에 수가 아예 없으면 통제력을 갖추지 못한다. 그래서 신중한 업무 처리가 필수인 공무원이나 관료가 되기는 어려운 팔자다. 필자도 예외는 아니었다. 살면서 자기통제의 능력이 부족했고, 잦은 일탈과 이탈로 쌓아놓은 것들, 가진 것들을 까먹기 일쑤였다.

오행이 멋지게 균형을 이룬 사람은 찾기 힘들다. 하지만 불균형한 사주를 가진 사람들도, 어떻게든 균형을 찾으려고 노력하며 산다. 자기가 의식하지 못하는 순간에도 벌어지는 일이다.

목(木)의 기운이 모자란 사람은 숲에서 평안을 찾고, 수(水)의 기운이 부족한 사람은 강과 바다를 즐긴다. 불(火)의 기운이 부족한 사람은 햇살 따뜻한 여름을 즐기며 균형을 꾀한다.

모자란 오행을 보충하려는 이런 경향을 중화(中和)라고 한다.

반대 경우도 생각할 수 있겠다. 자신에게 과도한 오행을 덜어내려는 상황이다. 상생상극의 맥락에서라면, 없어도 좋을 오행을 쳐내려는 경향이다. 그렇게 부족한 오행을 더하고, 넘치는 오행을 덜어내는 것을 중화라 부른다.

용신, 문제적 개념

용신(用神)은 중화 개념에서 바로 도출된다. 사주 전체의 균형을 바로잡을 수 있는, 다시 말해 중화를 이뤄내는 오행 요소를 용신이라 부른다. 단 하나의 오행으로 사주 전체의 중화를 이뤄야 하니, 그 오행 하나를 선정하는 일이 쉬울 리 없다. 사주 전체의 분위기를 감지하면서 골라야 한다. 오행에 음양까지 고려해야 한다.

이때, 십신(十神)이 다시 등장한다.

비견, 겁재, 식신, 상관, 편재, 정재, 편관, 정관, 편인, 정인 그렇게 열 가지 중에서 사주 전체의 중화를 유도할 요소 하나를 찾아야 한다.

이 용신이란 건 사주에 있어 '문제적 개념'이다. 역술인들은 오랫동안 용신을 찾는 데 심혈을 기울였다. 지금도 '단 하나의 용신'을 잘 찾아내는 역술인이 용한 점쟁이로 대접받는다. 용신 하나만 잘 찾아내면 운명도 바꾸고, 만사형통을 이뤄낼 것으로 생각한다. 용신에 따라 직업을 처방하고, 궁합의 방책을 처방하고, 심지어는 먹는 음식, 입을 옷, 이사 갈 집의 동네까지 처방했다.

그런데 단 하나의 용신이 존재할까.

같은 사주를 놓고도 역술인들에 따라 다른 용신을 내놓는 일이 허다하다. 부족한 오행을 보충하고, 과도한 오행을 처내는 일이 간단할 거 같아도 실전으로 가면 아주 애매해진다.

용신을 과신할 때 생기는 문제점이 또 있다.

특정인의 사주에서 어떤 오행적 특성이 발달하면, 그 사람은 그 특성에 따른 삶의 행로를 가게 된다는 게 사주의 원론적 해석이다. 그런데 용신을 찾아내 처방한다는 것은 지나치게 발달한 그 특성을 제압해 다른 삶으로 통하는 길을 내준다는 발상이다.

그게 가능할까.

사주에 새겨진 한 사람의 운명은 그렇게도 가벼울까. 역술인 한 사람의 판단과 처방으로 전체 형국이 송두리째 바뀔 만큼 유동적일까.

또 어떤 역술인들은 용신 보충을 위해 필요하다면서 부적이란 카드를 꺼내 들기도 한다. 용신이 역술인들의 비합리적 돈벌이와 연결될 가능성도 있다는 것이다.

이런 사정들 때문에, 최근엔 '용신 무용론'이 상당한 힘을 얻고 있다는 것까지만 말씀드리겠다.

열째 날

냉혹하고 불행했던 그 사람

벌써 열째 날이다. 서른 날에 걸친 사주 공부의 삼분의 일을 마무리할 시점이다. 주역도 그렇지만 사주와 같은 강호의 동양학을 공부하는 데는 상당한 난점이 있다. 일정한 진입장벽이 존재한다.

첫 번째 장벽은 한자다. 전근대의 동아시아는 중화 문명에 속했다. 그런데 급격한 근대화로 한자는 본토인 중국 밖에선 골동품이 되어 버렸다. 그 골동의 흔적을 되살려 가며 공부해야 하는 게 강호의 동양학이다.

두 번째 장벽은 특유의 테크닉이다. 강호 동양학은 음양과 오행 그리고 기(氣)를 기본 전제 또는 가설로 삼는다. 수학으로 말하자면 그냥 인정하고 들어가야 하는 전제라고 보면 된다. 그중 주역은 음양을,

사주는 오행을, 풍수는 기를 중심으로 자신만의 논리를 연역해 간다.

그런데 연역 과정은 대단히 추상적이면서 자기 증식을 거듭하는 법칙 형태를 띠고 있어서 초심자에겐 쉽지 않다. 하지만 못 넘을 벽도, 두꺼운 벽도 아니다.

이런 얘기를 하는 건 지금까지 아홉 날에 걸친 공부를 통해 사주의 진입장벽에 해당하는 테크닉은 대부분 '타파'되었다고 볼 수 있어서다.

이제 남은 테크닉들은 대운(大運), 여러 가지 살(煞)에 관한 얘기 정도다. 대운, 살 같은 용어는 낯설어 보이지만 3부로 이어지는 이야기를 읽다 보면 어렵지 않게 이해될 것이다. 어차피 사람 사는 세상에서 벌어지는 일들이다.

공식이나 법칙, 도식 같은 것들이 출현했던 1·2부와 달리, 3부부터는 편한 에세이처럼 읽을 수 있게 풀어갈 생각이다. 세상은 사연들로 이루어져 있지, 공식과 법칙으로 축조되진 않았다.

2부의 끝인 열째 날 공부는 우리가 처음 꺼내 들었던 한 사람의 사주를 다시 한번 살펴보는 것으로 마감한다.

선불교에서 그런 말을 하던가.

산과 물은 처음엔 산과 물이지만 공부가 깊어지면 산도 물도 아니게 된다. 그러다 공부가 더 깊어지면 다시 산이 되고 물이 된다. 뱀의 해에 태어났던 냉혹한 그 인물의 사주를 다시 떠워 보자.

시	일	월	연
戊(무)	庚(경)	辛(신)	丁(정)
寅(인)	甲(신)	亥(해)	巳(사)

정사년, 신해월, 경신일, 무인시에 태어난 이 사람을 기억하실 거다. 이 사주를 관찰하면서, 우리는 사주 주인공의 몇 가지 특성을 추론했다.

연지의 사(巳)를 보면서 냉혈한 성격을 짐작했다. '사'는 뱀을 뜻한다. 이는 단순하고 초보적인 해석이다. 차가운 쇠의 기운이 가득하단 얘기도 했다. 위쪽을 보면 일간(庚金, 경금)과 월간(辛金, 신금)이 모두 쇠다. 일간 바로 밑 일지에도 십이지 중 하나인 신금(申金, 신금)이 버티고 있다. 역시나 차가운 사람인가 보다. 마지막으로 '내면의 불안'을 얘기했더랬다. 그건 아래쪽 지지의 구성을 살피면서 포착한 징후다.

십이지를 다시 소환한다.

인묘진 사오미 신유술 해자축

열두 개의 지지는 사계절을 상징했다. 인묘진(봄), 사오미(여름), 신유술(가을), 해자축(겨울) 순이다. 그런데 이 사주의 아래를 지탱하는 인(寅), 신(申), 사(巳), 해(亥)는 모두 계절의 시작에 해당하는 지지들이다.

모든 시작은 바쁘고 황망하며 들떠 있다.

냉혹하고 차가운 이 사람의 내면이 의외로 불안에 지배당하고 있을 가능성을 얘기했더랬다. 비정한 사람들의 내면은 사실은 이렇게 정처 없다.

그래서, 이 사람은 도대체 누구일까.

한국 현대사의 문제적 인물

현재 20대에서 60대에 이르는 뱀띠를 찾아보면, 2001년생(신사년), 1989년생(기사년), 1977년생(정사년), 1965년생(을사년) 등이 나온다. 주위에 뱀띠가 있으면 그의 행동을 주목해 보는 것도 재미있겠다. 혹시 평소에는 조용한데, 무언가 일이 있으면 냉정하고 기민한 모습을 보이지 않는지…….

우리가 주목하는 사주의 주인공은 그보다 훨씬 일찍 태어난 사람이다. 그는 1917년생 뱀띠다. 1917년 9월 30일 새벽 4시쯤에 태어났다. 생일은 양력 아닌 음력이다. 그 시대엔 대개 생일을 음력으로 썼다. 세상을 뜬 지도 꽤 됐다. 이 사람의 생은 비극적으로 마감했다.

누구일까.

이 사람의 이름을 한 번 언급한 적이 있다. 지난 세기, 최고의 명리 연구가 박재완의 '납치' 사연을 전하면서다. 1979년 12월 12일 전두환의 신군부에 의해 대전 자택에서 급히 끌려왔지만, 만세력이 없어 당황했던 명리의 고수다.

뱀띠 사주의 주인공은 1979년 바로 그해 10월 26일 부하의 총격에 숨진 박정희 전 대통령이다. 그는 1960년대 초부터 1970년대 말까지 20년 가까이 대한민국을 자기 뜻대로 통치하면서 굵직한 족적을 남겼다. 족적의 공과에 관해선 이 자리에서 평가할 게 아니니 넘어가겠다.

이런 생각 정도는 해볼 수 있겠다.

금 기운이 가득해 냉랭했던 그의 사주가 중화를 이뤘더라면 한국의 현대사도 달라졌을까.

그의 사주엔 금(金)이 세 개다. 그런데 공교롭게도 과도한 금의 기운을 쳐내 줄 화(火)의 기운, 덜어내 줄 수(水)의 기운은 미약했다. 화의 기운이 적절했다면 금의 기운을 누그러뜨렸을 것이다(화극금). 수의 존재감이 좀 더 컸더라면 금은 수를 살리기 위해 힘을 썼을 것이다(금생수). 과도한 금이 유발했을 냉혹함도 제어됐을 것이다.

하지만 불행하게도 그의 삶에서 그런 일은 없었다. 사주에 충만한 금의 기운으로, 자기 삶과 역사를 있는 힘껏 밀고 나갔다. 중화를 이루지 못하고 극단으로 치달은 사주의 말로는 파국이었다.

박정희 사주를 둘러싼 풍문들

박정희의 사주는 수많은 역술인의 연구 대상이었다. 그의 삶 자체가 한국 현대사만큼 드라마틱했기 때문이다. 박정희란 인물 자체가 한국 현대사의 한 시기와 한몸이기도 했다.

그런데 역술인들이 애용하는 박 전 대통령의 사주에는 무언가 조작의 혐의가 있다. 그가 세상을 뜬 직후인 1980년대에 역술인들이 제시한 박 전 대통령의 사주 중엔 시지(태어난 날의 지지)가 인(寅)이 아닌 경우가 있다.

박정희 사주의 아랫단 지지를 인신사해(寅申巳亥)의 조합으로 몰아가기 위해 태어난 시간을 슬금슬금 바꿨을 가능성이 있다는 이야기다.

세월이 흘렀고 진위를 확인하긴 어렵다.

그보다 한 사람이 세상과 인연을 맺기 시작한 시간, 바로 탄생의 연월일시와 그 사람의 운명을 연결하는 일의 의미를 살피면서 열째 날 공부를 마무리하고자 한다.

누군가 태어나는 바로 그 순간, 이 세상에 퍼져 있던 오행의 기운이 그에게 집중된다. 여덟 개의 기호로 그의 탄생 순간을 치환하는 것은, 그렇게 보이지 않는 오행을 포착해 한 장의 종이 위에 고정하는 일이다. 탄생의 순간에 자연으로부터 인간으로 전이된 기운에 의해 한 사람의 기질과 운명이 결정된다는 게 사주의 관점이다.

이 지점에서 기억해야 할 게 있다.

사주를 본다는 것은 '나'의 눈으로 그 누군가를 보지 않고, 그를 빚

어낸 자연의 기운으로 그 사람을 파악한다는 것이다. 누군가의 삶을 볼 때 나의 주관을 버린다는 것, 사주가 오랜 세월을 거치며 확보한 미덕 중 하나다.

우리가 살면서 힘들어하는 것도 어느 정도 '나'를 내 시각에서만 바라보기 때문이 아닐까. 하지만 내가 보는 '나'는 얼마나 내 실체에 가까울까? 조용히 반성해 보면 나의 자기 판단과 나의 실체 사이는 그리 가깝지도 않다. 어린 시절의 기억, 지금 처한 상황을 한번 찬찬히 들여다보시기를……. 나에 대한 나 자신의 통찰은 과연 믿을 만한가. 왜곡 없이 자신을 보는 것만으로 우리 인생은 많은 부분 달라지리라 생각한다.

이제 사주에 담긴 다양한 사연들을 좀 더 넓은 시각에서 살펴볼 시간이다. 공부를 이어가자.

3부

진화

열한째 날

51만 8,400개의 운명

처음 사주에 관한 논의를 시작할 때, 분류론과 운명론 어느 쪽에서 출발할지 고민했다. 운명 아닌 분류에 방점을 찍으면서 이야기를 시작했지만, 운명은 잠복해 있기를 거부했다.

불가피한 일이라 생각한다. 설명의 편의를 위해 분류를 앞장세웠지만, 사주 또는 팔자와 운명은 사실상 동의어이니까. 사주에 관한 기법적 설명을 마무리하고, 새로운 이야기를 시작하면서 잠시 운명에 관해 정리해 보려 한다.

내 운명과 그의 운명은 왜 그리 다른지, 운명은 그렇게 다를 수밖에 없는 건지, 운명의 가짓수는 도대체 몇 개가 되는지, 운명에 관한 우리의 태도는 어때야 하는지······.

운명의 가짓수는 몇 개나 될까.

어렵게 생각하면 한없이 어렵고, 쉽게 접근하면 여러 날의 고민이 무색할 만큼 쉽게 풀리는 게 문제다. 알렉산드로스는 복잡하게 얽힌 끈을 칼로 쳐내고, 콜럼버스는 달걀을 툭 깨뜨려 테이블 위에 세웠다. 문제란 그런 거다. 그 속에 매몰되지 않고 거리를 두면 간단히 풀리는 경우가 많다.

그래서 운명의 가짓수는 몇 개일까.

2026년을 기준으로 세계 인구는 83억 명에 육박한다.

세상에 같은 얼굴을 가진 사람은 없다. 사람의 얼굴이 저마다 다르듯 그들의 삶도 다르다. 운명은 삶의 이면이다. 운명도 삶만큼, 얼굴만큼 다양하다. 그래서 2026년 기준으로 운명의 가짓수는 모두 83억 개다. 83억 명의 인류가 83억 개의 운명을 갖는다.

어린 시절 보았던 미국의 공상과학 드라마가 하나 생각난다. 우주의 한 행성이 배경이다. 그곳에는 지구인과 비슷한 용모를 가진 존재들이 산다. 그런데 이곳 사람들은 죄다 얼굴 전체를 가리는 마스크를 쓰고 지낸다. 한 지구인이 "당신들은 왜 얼굴을 가리고 사느냐"고 묻는다. 그들 중 누군가 답한다.

"방사능 사고 이후 모두 얼굴을 감추게 됐다."

무슨 사연일까. 얼마나 끔찍한 사고였길래 한 사람도 빼놓지 않고 얼굴을 가리는 걸까.

어느 날, 갑작스러운 해프닝으로 한 남성의 마스크가 벗겨진다. 당황하면서 손을 올리지만, 그만 얼굴을 노출하고 말았다. 지구인은 긴장된 마음으로, 황급하게 펼친 손가락 사이를 훔쳐본다.

앗, 전혀 흉측한 얼굴이 아니다! 흉측하지 않은 게 아니라 너무 잘생겼다. 할리우드 영화배우의 얼굴이다.

문제는 행성의 모든 남자가 똑같은 얼굴을 가졌다는 것이다. 방사능 사고로 유전자에 변형이 가해졌다. 이후 행성의 모든 남성이 똑같은 얼굴을 갖게 됐다.

흉측한 게 재앙이 아니다. 정말 두려운 건 정체성과 개성의 상실이다. 모두가 똑같아지는 일, 그게 재앙이다.

운명도 마찬가지다. 모두가 똑같은 삶을 산다고 생각해 보라. 모든 사람이 왕이 될 운명을 타고났다면, 모두 행복할까. 사방이 거울로 채워진 듯, 어디를 둘러봐도 나와 똑같은 얼굴, 똑같은 삶이 펼쳐지고 있다고 해보자. '나'는 질식한다.

다행히 지구에 사는 사람들의 얼굴은 모두 다르고, 그들의 삶도 죄다 다른 길을 걷는다. 운명의 가짓수가 70억 개, 80억 개, 100억 개인 것은 당연하고 다행한 일이다. 그렇긴 해도 "사람의 운명은 모두 달라" 말하고 끝내는 건 운명을 공부하는 중에 바람직한 일은 아니겠다. 무책임한 일이다.

사주는 연역적이고 정합적인 체계다. 그 체계 안에선 정해진 운명의 가짓수가 존재한다. 그리고 운명의 가짓수를 뽑는 방법은 단순하다. 간단한 계산으로 운명의 가짓수를 구할 수 있다.

좁은 의미의 사주 또는 팔자는 연월일시의 조합으로 이뤄진다. 그러니 연주(60가지), 월주(12가지), 일주(60가지), 시주(12가지)의 가능한 조합 수를 파악해 그걸 곱해주면 운명의 가짓수가 나온다.

연월일시 중 연과 일은 육십갑자 순서로 순환한다. 그래서 각각 60개다. 월과 시는 십이지를 기준으로 12개씩이다.

왜 60과 12로 갈라질까.

연과 일은 추상적이다. 육십갑자를 기계적으로 돌리면 된다. 월과 시는 자연을 담는다. 월은 계절을 품은 채 12개월 단위로 돌아간다. 시는 새벽부터 밤까지 12시간으로 돌아간다. 지금 우리가 쓰는 서양식 시간은 24시간이지만, 동아시아에서 전통의 시간은 새벽 4시를 뜻하는 인(寅)시에 시작해, 자정인 자(子)시를 넘겨 새벽 2시에 해당하는 축(丑)시에 끝났다. 인묘진, 사오미, 신유술, 해자축…….

60(연주)×12(월주)×60(일주)×12(시주)=518,400

사주적으로 운명의 가짓수는 51만 8,400개다. 요즘 지구에 사는 사람들의 숫자 겸 운명의 가짓수인 83억에 비하면 많이 적다. 그렇다곤

해도 웬만한 비교는 무의미하게 만들 만큼 여전히 많은 숫자다.

사람들은 제각각 자신의 운명을 살아갈 뿐이다. 운명의 수는 수십만 개일 수도, 수십억 개일 수도 있다. 운명을 비교하는 건 불필요하고 무의미한 일이다.

다시, 분류의 기술

그러나 명리연구가들은 51만 8,400개의 운명을 그냥 두지 않고 카테고리화한다. 운명의 개수는, 운명을 어떤 기준으로 분류하느냐에 따라 손오공의 여의봉처럼 줄었다 늘었다 한다.

카테고리란 게 그렇다. 기준을 어떻게 세우느냐에 따라 천변만화한다. 늘 흔들리는 게 기준이고 카테고리다. 그렇게 카테고리의 변화를 통해 때론 줄고 때론 늘어나는 운명의 가짓수를 확인하는 작업은 우리에게 새롭지 않다.

처음 공부를 시작할 때, 열 가지의 사람 분류를 얘기했다.

나무 같은 사람, 풀 같은 사람, 태양 같은 사람, 촛불 같은 사람, 사막 같은 사람, 촉촉한 그늘 같은 사람, 거대한 광산 같은 사람, 예리한 칼 같은 사람, 바다 같은 사람, 샘물 같은 사람……

그건 그대로 운명의 분류이기도 하다. 거듭 말하지만 사주는, 한 사람의 성격과 직업, 운명을 하나의 실로 일관되게 꿰어간다.

촛불과 사막과 바다의 비유가 오행 간의 관계를 변수로 끌어들이면서 십신(十神)이 출현했다. 이것도 열 가지 분류다. 비견, 겁재, 식신, 상관, 편재, 정재, 편관, 정관, 편인, 정인······.

열 가지 분류는 모두 오행(5)에 음양(2)을 곱한 숫자 10에서 나온다. 음양 빼면 운명의 가짓수는 5개로 줄어든다. 목, 화, 토, 금, 수가 될 수도 있고, 인(지식), 비(독립심), 식(표현), 재(돈), 관(통제력)이 될 수도 있다. '인, 비, 식, 재, 관'이란 표현은 처음 쓴 것 같다. 십신에서 음양의 구분(편/정)을 없앤 범주다.

물론 이게 끝이 아니다.

열 개의 일간이 열두 개의 월지를 삶의 환경으로 끌어들이면 60개의 운명 분류가 등장한다. 120개(10×12)일 것 같지만 그렇지 않다. 일간(십간)과 월지(십이지)의 조합은 음양의 조화를 고려해 이뤄진다. '갑자'는 가능해도 '갑축'은 불가능하다. 그래서 60개다. 일간-월지의 조합은 육십갑자의 가짓수 60개와 같다.

운명을 열 가지로 분류해 둔 상태에서 다시, 백 개의 운명을 뽑아내는 것도 어렵지 않다. 어떤 사람이든 주요한 속성과 부가적인 속성을 함께 갖는다. 가녀린 촛불 같은 사람이 마음 깊은 곳에 광활한 사막을 품었을 수 있다. 그렇게 주요한 속성 10가지와 부가적 속성 10가지를 조합하면 100개의 운명 분류가 등장한다.

사주는 이렇게 유동적이다. 하나의 방법, 유일한 진리가 있는 것처럼 떠들어 대는 사람은 의심해 봐야 한다.

그보다 운명에서 시작한 얘기가 다시 분류로 돌아왔다. 사주는 그렇게 분류와 운명이 서로를 밀고 또 끌어안으며 확장해 가는 이야기 체계다.

그리고 다시 강조하지만, 운명을 비교하는 건 쓸데없는 일이다. 효용의 측면에서도 그렇지만, 운명의 본질을 따질 때도 그렇다. 5개 또는 10개 또는 100개의 분류는 그저 편의를 위한 것이다. 운명은 누구에게나 고유하고 또 유일하다.

조금이라도 운명을 개선하고 싶다면 남들의 운명 또는 과거 나의 운명을 몰래 쳐다보는 습관부터 버려야 한다. 이 세상에는 제각각 다른 운명이 있을 뿐이다.

누구의 운명이 더 좋네, 누구의 운명이 더 나쁘네…… 하며 한탄하는 건 저 옛날 신파 드라마의 일이다.

열두째 날

사주도 유행을 탄다

말 나온 김에 사주가 얼마나 유동적인지, 사주가 얘기하는 온갖 단언과 예측들이 어떻게 시대적인 한계 속에 갇힐 수밖에 없는지 짚어 볼까 한다. 사주의 변화에 관해 역사적으로 추적하는 시간이다. 시대적 변화를 알아야 공부가 깊어진다.

관운의 쇠퇴

모든 사람이 자신들만의 애달픈 사연을 지니고 살지만, 점 보러 가는 목적은 비교적 단순하다. 돈과 직장이 가장 큰 문제다.

나는 왜 이리 돈이 없을까? 언제나 큰돈을 만질까? 지금 직장을 계속 다녀도 좋을까? 나가라는 눈치가 있는데, 계속 견뎌야 할까? 괜찮은 직장이 날 찾아주진 않을까?

그런데 돈과 직장이 한몸으로 붙어 다니던 시절도 있었다. 지금으로부터 수백 년 전 조선 시대를 떠올려 보자. 돈이든, 직장이든 어찌 보면 둘 다 출세의 징표인데, 오래전엔 출세란 게 방법론적으로 아주 간단했다. 거의 유일한 방법이 벼슬을 하는 거였다.

누군가 사주 보러 갔을 때, 자신의 운명이 궁금해 찾아온 그 사람을 정색하듯 한 번 쳐다보고 나서 "높은 관직에 오를 것입니다"라고 말하는 상황이 있을 수 있다. 조선 시대에 역술인에게 그런 대답을 듣는 것만큼 행복한 일이 있었을까. 사주에 관운(官運)을 가진 사람이 행복에 근접했던 시절이다.

복습해 보자. 어떤 사람이 관운을 가졌나.

일간과 월지의 관계를 보면서 '통제력'을 얘기했고, 십신을 정리할 때 편관(偏官), 정관(正官)을 얘기했다. 이런 특성을 가진 사주를 관운과 연결시킨다.

예컨대 내가 태어난 날의 오행이 화(火)일 경우, 사주에 물(水)이 있으면 이게 관직운을 뜻하게 되고, 관운이 발달할 경우 그 인생은 탄탄대로를 달릴 것으로 판단했다. 관운이 전통 시대의 사주 판단에 핵심이었던 것은 두말할 나위 없다. 요즘 식으로 말하면, 관운은 꼭 벼슬이 아니어도 대기업에 취직해 오래 다니는 운도 포함할 것이다.

화에게 수는 무서운 존재다. 물이 불을 끄듯이, 수는 화를 제어한다.

앞서 '자기통제'를 얘기한 건 그런 이유다. 요즘에도 대개 관료, 임원을 하는 사람들은 신중한 일 처리가 큰 미덕이다. 새로운 분야를 개척해, 비즈니스를 새로 일으키는 기업가처럼 혁신으로 무장한 채, 블루오션을 향해 내지르는 스타일과는 거리가 있다.

재다신약, 돈에 치이기도 한다

하지만 시대가 변하면서 관운 일변도의 사주 풀이는 힘을 잃는다. 벼슬 못해도 장사 잘해 돈을 벌면 된다. 그게 새로운 형태의 출세다. 굳이 시대 구분을 하자면, 장사로 큰돈을 버는 사람들이 생겨나는 조선 중기 이후로 관운을 대신해 재운(財運)이 뜨기 시작했다.

어떤 사람이 돈 벌 팔자일까?

사주에서 벼슬할 팔자가 '관'에 달려 있다면, 부자 될 팔자는 '재'라는 요소에 달렸다. 십신에선 편재(偏財)와 정재(正財)로 구분했다.

이번에도 역시 태어난 날의 오행을 화라 해보자. '재'는 한 사람의 사주 안에서 일간(태어난 날의 오행)에게 극(克)을 당하는 오행을 말한다. 일간이 화라면 화에게 극을 당하는 금(金)에 해당하는 간지가 사주에서 웬만큼 세력을 형성해야 돈 벌 가능성이 있다.

사주에 재운이 있다는 건, 사주의 소유자가 부지런하고 집요한 성향을 가졌다는 뜻이기도 하다. 그래야 대상을 '극'할 수 있으니까.

그런데 사주 구성에서 재운이 나타난다고 무조건 돈 버는 건 아니다. 재의 성질만 강하고 본인, 즉 주체를 뜻하는 일간이 지나치게 약해서는 또 무리가 따른다.

재다신약(財多身弱)이라는 말은 그렇게 나왔다. 재의 성질이 지나치게 왕성하고 정작 본인의 오행은 세력이 약한 경우다. 이런 사주는 말하자면 돈에 치이는 형국이다. 돈 벌려다가 몸과 마음만 피폐해진다.

그러나 일간도 강하고 재성도 강해서 돈을 버는 경우가 물론 있다. '재(재물)'와 '신(나)'이 균형을 이룬 경우다. 우리 주변의 부자들도 바로 그런 사주의 양상에서 크게 벗어나지 않는다.

시대에 따른 인기 사주

그러나 현대에 들어서면서 우리 삶은 혁명적으로 변했다. 이럴 땐 관운이고 재운이고 그 자체가 모두 힘을 잃는다. 한 시대를 풍미하던 관운과 재운의 패권은 그렇게 옛일이 됐다.

먼저 관(官)의 경우다. 사주 체계 안엔 '관'을 해치는 요소가 있다. 십신을 얘기할 때 잠깐 언급했다. '관을 해친다'고 해서 상관(傷官)이란 이름을 붙였다. 옛날만 해도 상관이 발달한 사주는 환영받지 못했다. 사주 최고의 미덕인 관운을 해치는 기운이니 환영받았을 리 없다.

그런데 현대에 들어오면 문제가 좀 복잡해진다. 관의 핵심 특성인 '원칙 고수'가 고리타분함으로 조롱당하고, 반대로 원칙을 해치는 파격과 혁신이 각광을 받는다. 파격과 혁신이 바로 상관의 특성이다.

옛날엔 상관을 보유한 사주는 잘돼 봐야 중간 가기 어려운 것으로 평가받았다. 평생 조심해서 살아야 했다. 그러던 사주가 새로운 것이면 그게 뭐든 추앙을 받는 현대에는, 사회적 견인차로 재평가받게 된 것이다.

이 정도면 사주 체계 안에서 벌어진 '파워 시프트(권력 이동)'라 할 만하다. 시대에 따른 '인기 사주'의 변화는 이렇게 정리된다.

관(원칙을 지키는 사람) → 재(집요하게 좇는 사람) → 상관(파격과 혁신을 즐기는 사람)

영원한 부자는 없다

재(財)에 관해선 좀 더 들여다볼 필요가 있다. 사회의 변화 속도가 빨라지면서, 지금 부자라고 가난한 사람을 함부로 대하다간 나중에 크게 반성하게 되는 경우가 생긴다.

자본주의가 고도화할수록 빈부의 격차가 벌어지는 건 사실이다. 하지만 빈부의 경계를 뚫는 추락과 상승이 사라지진 않는다. 죽을 때까지 부자, 죽을 때까지 빈자인 사람만 있는 건 아니다.

사실 사주 체계는 예전부터 종신 부자, 종신 빈자 대신 선빈후부(先貧後富), 선부후빈(先富後貧)의 팔자를 더 현실성 있는 것으로 봤다. 역술인들이 사주의 그런 입장을 소홀히 다뤘을 뿐이다.

주위를 둘러보라. 주식으로 큰돈 벌었다가, 몇 달 만에 그 돈 다 잃고 힘들어하는 사람들 많다. 가난하다가도 돈 벌 기회는 오기 마련이고, 부자로 태어났다가도 가난해질 가능성이 있다. 나를 둘러싼 삶의 환경(사주에서 대운이라고 부르는)은 달라지기 마련이고, 돈 버는 능력인 재성도 강약을 달리할 수밖에 없다.

여담이지만, 죽을 때까지 친일 논쟁에 시달렸던 한 원로 시인은 친일의 배경을 묻는 한 기자에게 "해방이 그리 빨리 올 줄 몰랐다"는 답변을 남겼다. 교만한 부자들이 언제나 교훈으로 삼아야 할 선례다.

돈이 아무리 많아도 그 돈을 일거에 날릴 수도 있다는 것이 명리의 교훈이다. 가난한 이들 깔보다가 돈 잃고 나서 "나에게도 가난한 시절 있을 줄은 정말 몰랐다"며 반성하게 될 때, 가장 비참한 것은 본인이다.

관운에 따르는 권력도, 재운에 따르는 재물도 무상하다. 권력도, 재물도 언제 사라질지 모른다.

잠시, 주역 이야기

이쯤 해서 주역(周易)과 사주의 관계에 관해 잠깐 짚고 넘어가도 좋겠다. 사주의 역사적 변천, 유행에 관해 얘기하다 보니 '변화의 경전' 주역이 떠오른다.

사실 주역 하는 사람에게 사주는 곤혹스러운 주제다. 사주와 주역은 세계관 자체가 다르다. 사주는 정해진 운명을 전제한다. 우리가 세상에 존재하게 되는 순간, 우리 눈에 보이지 않는 오행(다섯 가지 기운)이 우리 몸에 스며 삶을 지배한다고 말한다.

주역은 딴판이다. 어떤 디폴트값(default value)도 배제한다. 내 삶에 미리 주어진 기본값 같은 건 없다. 음양의 기운이 세상에 스며 있지만, 정해진 규칙으로 우리 삶을 얽매지는 않는다.

주역의 우주에선 세상 모든 게 쉬지 않고 흔들린다. 미묘한 떨림 속에서 새로운 사건과 상황이 끝없이 만들어지고 사라진다. 사주는 정해진 운명을, 주역은 운명의 부재를 믿는다.

사주를 해설하는 동안 그 경계를 놓지 않을 생각이다. 주역과 사주의 경계는 어쩌면 사주의 한계일지 모른다. 사주의 한계는 운명의 한계이기도 하다. 앞으로 이어질 사주명리 공부는 그래서 운명의 정체를 밝히는 동시에 운명을 뛰어넘으려는 시도다.

운명은 허물어야 하고, 허물어진다. 사주명리는 그렇게 운명을 허무는 장치이기도 하다. 운명은 때로 부수어야 하고, 부수어진다. 단단한 망치라도 하나……

열셋째 날 ———————————————

역마, 도화, 화개

사주엔 백호대살(白虎大煞)이란 게 있다.

이름만으로도 심상치 않다. '백호'와 '살', 두 글자가 어울려 만들어 내는 분위기는 스산하다. 백호는 흰 호랑이다. 영물일지 모르지만 맞닥뜨리면 얼마나 무서울까.

살(煞)이란 한자는 '죽일 살(殺)'과 모양만 다를 뿐, 같은 한자다. 물론 한자의 구성이 다르니 스민 뜻도 다르다. 사주적 맥락에서 풀자면, '사람을 해치는 독한 기운'쯤 된다.

사주에 백호대살이 있으면 이 사람의 인생은 평탄하기 어려울 것으로 봤다. 사주에 백호대살을 품은 사람은 호랑이한테 물려 죽는다고 판단했다. 요즘엔 호랑이가 없다. 호랑이 대신 교통사고를 당하거나 백주 대낮에 강도를 당하면 그게 백호대살 탓이라고 역술인들은 이야기한다.

백호대살이 아니어도 점 보러 갔다가 '살' 이야기를 들을 때가 있다. 원진살(怨嗔煞)이라고 해서 별 이유 없이 누군가와 원수가 되는 살이 있다. 귀문관살(鬼門關煞)은 과대망상을 불러일으킨다는 기묘한 살이다. 하지만 이런 '살'들에 귀 기울일 필요 없다. 재난과 불행을 강조해 부적 팔아먹으려는 수작이기 쉽다.

그리고 백호대살, 원진살, 귀문관살 모두 사주의 구성이 너무 복잡하다. 각각의 구성이 왜 갑작스런 사고사(백호대살)와 치명적인 갈등(원진살), 과대망상(귀문관살)을 초래하는지도 논리적으로 설명하기 어렵다.

사주가 어느 정도 구시대의 담론이긴 하지만, 이런 살들에 관한 이야기는 지나치게 구태의연해 굳이 구성까지 소개하진 않을 생각이다. 중요한 건 사주의 본질이다.

지지로부터 직접 도출되는 세 개의 살

그렇게 강렬한 인상을 주면서 예전 사주에서 위력을 발휘하던 '살'들은 이제 거의 설 자리를 잃었다. 여러 이유가 있겠지만, 무엇보다 백호대살이니 원진살이니 하는 것들이 어떤 원리에 의해 나오는지 증명하기 어렵기 때문이다. 그래서 요즘 명리연구가들은 '살'은 특별한 경우가 아니면 버리고 가는 경우가 많다. 적어도 현대 사주에서는 폐기처분됐다고 봐도 무방하다.

그런데 그런 와중에도 굳건히 살아남은 살이 세 개 있으니, 그게 바로 역마살(驛馬煞), 도화살(桃花煞), 화개살(華蓋煞)이다. 세 개의 살은 문학(주로 소설)의 용어로도 곧잘 쓰이며 우리 일상에 들어왔고, 무엇보다 사주 체계 안에서 기원에 관한 논리적 설명이 가능하다. 사주의 특정 구성이 왜 역마, 도화, 화개가 되는지 명확하다.

뜻부터 간단히 살펴볼까. 세 가지 살도 역시 살이어서, 품은 뜻이 그리 긍정적이지 않다.

역마살: 한곳에 정착하지 못하는, 평생을 떠도는

도화살: 색기를 풍기는, 이성 관계가 복잡한

화개살: 고독하고 외로운, 어딘가 모르게 자폐적인

세 개의 살은 십이지와 긴밀하게 연결된다. 십이지는 계절과 소통한다고 했다. 기억을 되살려 보자.

인묘진: 봄, 사오미: 여름

신유술: 가을, 해자축: 겨울

그런데 하나의 계절을 이루는 세 개씩의 지지는 각각 계절의 초기-중기-말기를 뜻한다. 예컨대 인은 초봄, 묘는 절정의 봄, 진은 늦봄이다. 사오미, 신유술, 해자축도 마찬가지로 해체할 수 있다.

계절을 이루는 지지의 특성을 초-중-말 시기별로 떼어내 조금 더 들여다보자. 계절들의 시작을 알리는 '인신사해'의 무리는 역동적이고 기민하다. 계절의 절정을 보여주는 '자오묘유'의 그룹은 강렬하고 화려하다. 계절들의 끝을 가리키는 '진술축미'는 마감하고 갈무리하는 느낌이다.

이런 '가설'은 어떤가.

인신사해(寅申巳亥) | 역동적이고 기민한 | 역마살
자오묘유(子午卯酉) | 강렬하면서 화려한 | 도화살
진술축미(辰戌丑未) | 마감하고 정리하는 | 화개살

이제, 역마와 도화와 화개의 정체 또는 원리가 좀 더 명징하게 보인다. 사주의 아랫단에 인신사해가 많으면 역마살을 가진 사람이기 쉽다. 자오묘유의 조합이 빈번하면 도화살을 가진 사람이다. 진술축미가 풍족하면 화개살의 숙명을 타고난 사람이다.

역마의 고단함

살에 관해 얘기하다 보니 떠오르는 친구가 하나 있다. 대학 졸업하고 연봉도 많던 대기업에 다니던 그 친구는, 삼십 대 초반에 일찌감치 직장을 정리했다. 그리고는 한 1~2년 조그만 스타트업에 다니는가 싶더니 연락이 끊겼다.

5~6년이 지난 후에 그를 다시 만났는데, 무슨 얘기 끝에 그의 사주를 받아 들게 됐다. 연월일시를 오행으로 바꾸어 놓고는 한바탕 웃었던 기억이 난다. 그는 막 중국, 동남아시아, 유럽을 떠돌다 들어온 직후였다. 그 친구는 "아무래도 인생에 역마가 낀 듯하다"고 했고, 그냥 넘길 수가 없어 사주를 풀어본 것이다.

어찌할 수 없는 인신사해의 기운……

그의 사주에는 역마살이 확연했다. 나는 역술인들이 얘기하는 역마살에 관해 간단한 설명을 해 주면서 "앞으로도 그냥 발 닿는 대로 돌아다니며 살아야 할 것 같다"고 말해줬다. "내 그럴 줄 알았다"면서 웃던 그 친구는 직후 다시 남미의 콜롬비아로 떠나 유랑을 시작했다.

인신사해 중 한두 개가 사주에 들어 있다고 무조건 역마라고 판단하진 않는다. 그러나 시대가 변화와 이동을 중시하는 분위기로 돌아서면서 역마의 적용 범위가 넓어진 게 사실이다.

요즘에는 인신사해 중 하나만 사주에 보여도 적게나마 역마살이 끼었다고 판정하는 경우가 많다. 또 돈 버는 것과 관계된 운인 재운

중에 일거에 큰돈을 번다는 편재의 운을 가진 사람이 있는데, 역술인 중에는 편재를 역마에 연결하는 사람도 많다. 큰돈을 벌려면 부지런히 옮겨 다니며 기회를 찾아야 하기 때문이다.

도화살을 위한 변명

역마와 함께 살아남은 도화살도 그 적용 범위가 넓어지는 추세다. 도화는 복숭아꽃이다. 복숭아도 탐스럽지만, 붉은 복숭아꽃의 매혹은 더하다. 도화살을 가진 사람은 요즘 말로 하면 섹시한 매력을 지닌 사람이다. 중국의 한시들을 한번 읽어 보라. 복숭아꽃의 매혹에 대한 칭찬이 사뭇 여럿이다.

옛날엔 미모와 관능으로 남자의 인생을 망치는 여자를 도화살을 들어 공격했다. 그러나 상당수 젊은이가 연예인을 지망하는 요즘에는 도화살 역시 역마살처럼 공격 대상이 아니다. 추구의 대상이다.

역마살과 도화살에 대한 요즘의 관대한 태도는 격세지감을 불러일으킨다. 예컨대 역마와 도화를 함께 가진 여성의 사주가 있다 치자. 이런 여성은 근대 이전만 해도 "음란해서 부끄러운 줄 모르고 애인과 타향으로 도망가는 수가 있다"는 경고를 감수해야 했다. 구시대의 사유 속에서 '도화는 음란', '역마는 도망'이었다.

말이 나온 김에 짚고 넘어가자면, 굳이 역마나 도화가 아니어도 여성들에게 악의적인 이런 점괘는 전통의 사주 담론에 흔하다.

예컨대 태어난 날의 천간이 신(辛)인 여성의 사주팔자에, 물에 해당하는 계(癸)나 자(子)가 넘쳐날 경우, 십신 중 식신(食神)이 강하다는 판단을 내린다. 그런데 식신이 많은 여성은 호색(好色)인 데다가, 옛날식으로 말하면 기생이 되는 수도 있다는 게 사주점의 판정이었다. 호색은 색을 밝힌다는 뜻이다.

요즘 사주 봐주는 사람 중에 이런 식으로 운명 판정 내리는 사람은 아마 없을 것이다.

여하간 그 많은 살(煞) 중에 어렵사리, 그리고 성공적으로 살아남은 역마와 도화는 변화(역마)와 매력(도화)이 중시되는 현대 사회의 반영이다. 그래서인지 사주 봐주는 사람들도 역마살과 도화살을 남발하는 경향이 있다. 웬만하면 역마, 웬만하면 도화를 말한다. 듣는 이들도 역마, 도화 얘기를 싫어하지 않는 분위기다.

시대가 이렇게 변하다 보니 주위 사람들과 사주나 운명을 가지고 이야기를 나누다 보면 우려될 때도 있다. 남성은 역마, 여성은 도화를 이야기하면서 자신들의 일탈을 정당화하는 경우를 보곤 한다.

하지만 역마에 대한 경도가 지나치면 안정적인 생활을 기대할 수 없고, 도화에 대한 경도가 지나치면 성적(性的) 일탈로 나가기가 쉽다. 점 보러 갔다가 역마나 도화 이야기를 들었다고 해서 그 이야기에 너무 몰입하지 말았으면 한다. 역술인들도 시대를 거스르지 못한다.

사주에 역마나 도화의 기미만 보이면 조금은 과장되게 역마와 도화의 특성을 강조할 수 있다는 사실을 잊지 마시기 바란다.

혹시 어디에선가 역마살이나 도화살 있다는 이야기를 들었다면 경거망동 말고 딱 절반 정도만 믿는 게 좋다. 쉬지 않고 움직일 수도 없고(부디 역마를 경계하시길), 여기저기 매력만 내뿜으며 살 수도 없는 노릇이다(부디 도화도 경계하시길).

화개, 숙명과도 같은

화개(華蓋)는 화려함을 덮는다는 뜻이다. 역마가 에너지 넘치는 계절의 초입, 도화가 화려하고 찬란한 계절의 전성기를 뜻한다면, 화개는 극성기의 화려와 찬란을 급히 누그러뜨리는 시절에 해당한다.

화양연화(花樣年華)라고들 하던가.

화개는 그렇게 꽃 같은 시절을 스스로, 서둘러 감추는 일이다. 얼마나 안타까운 일인가. 하지만 얼마나 고귀한 일인가.

누구나 빛 한 줄기씩 지니고 산다. 그 빛을 밖으로 드러내는 대신 속 깊은 곳에 갈무리해 두고 살아야 하는 운명이 화개살이다. 고독한 예술가, 외로운 지식인에게 부여된 숙명이다. 숨겨야 할 건 예술, 지식뿐 아니다. 자신의 사색을, 신앙을 숨겨야 하는 일도 생긴다.

역마나 도화만큼 유행은 아니지만, 화개도 현대에 들어 독특한 인상과 표정을 갖게 된 사주의 한 국면이다. 옛날에 화개살은 음울과 그

늘, 좌절 같은 걸 상징했다. 화개살을 가진 사람을 가까이하면 당신의 삶까지 어두워지리란 예언을 들어야 했다. 이젠 드러내지 않아도 만족할 줄 아는, 새벽 3시에 깨어도 외로워하지 않고 자기 내면에 침잠할 줄 아는 부류를 말하는 단어가 화개다.

세월을 이기는 건 없다.

구시대의 강렬한 사주 인자(因子)들인 백호대살, 귀문관살, 원진살은 자취 없이 사라졌다. 기껏해야 천덕꾸러기 신세이던 역마와 도화, 화개는 새로운 매력으로 무장한 채 거듭났다.

사주는 쉬지 않고 진화한다.

열넷째 날

사랑의 수난사

사주는 사람 사는 이야기다. 사람 사는 이야기에 사랑이 빠지지 않는다.

그런데 사랑이란 게 도대체 뭘까.

정말, 정말 사랑은 뭘까.

철학적으로, 형이상학적으로는 풀기 어려운 문제다. 시도가 없던 건 아니지만, 만족할 만한 해답이 주어진 적은 내가 알기로 없다. 에로스, 아가페 등등의 분류가 사랑의 정체를 밝혀주는 듯 고대 그리스-로마의 전통에서 나오기도 했지만, 그게 과녁을 맞히려는 건지 피해 가려는 건지 솔직히 잘 모르겠다.

사랑에 관한 철학적 탐구는 언제나 미궁으로 통하는 길이다.

얼마 전, 어느 인류학자의 사랑에 대한 접근을 접했다. 정답은 아닐지 몰라도 비교적 단순하고 명료해 설득력이 있어 보였다. 인류학자도 첨엔 미궁에 빠졌는지, 기상천외한 실험을 결심한다. 사랑에 빠진 커플 수십 명을, 요즘 건강 검진할 때 쓰는 자기공명영상(MRI) 장치에 집어넣었다. 지금 막 사랑에 빠져 헤어 나오지 못하고 있는 커플들의 뇌 상태를 점검했다. 그런 안간힘과 좌충우돌 끝에 그가 인류학적으로 정리한 사랑은 세 가지로 나뉜다.

성적인 집착(lust)
낭만적 사랑(romantic love)
애착(attachment)

모두 인류의 생존과 영속을 위한 진화적 장치다. 성적인 집착은 생식에 관계된다. 그런 욕구가 있어야 인류가 보존된다. 그런데 이건 좀 위험하다. 성적인 경쟁이 격화하면 공동체가 붕괴한다.

그런 충돌을 피하게 해 주는 게 낭만적 사랑이다. 낭만적 사랑 또는 로맨틱 러브는 한 남자와 한 여자 사이의 일이다. 무분별한 성적 집착과 차원이 다르다. 두 사람 관계에만 집착한다. 물론 질투는 남는다. 우리의 인류학자가 사랑에 빠진 커플들을 MRI에 집어 던져 얻어낸 낭만적 사랑의 증거, 바로 호르몬이 만들어내는 현상이다.

그럼, 애착은 뭘까.

낭만적 사랑 또는 환각을 통해 만난 남녀가 아이를 낳으면, 그 아이를 양육할 일정한 시간이 필요하다. 그 세월, 철없던 남녀를 엄마와 아빠로 변모시켜 아이를 길러낼 수 있도록 해야 하는데, 그때 필요한 게 애착이다. 성적인 집착, 낭만적 사랑과는 또 다른 사랑이다.

사랑의 정체에 관한 이야기는 이 정도면 되겠다. 역시 정답은 아니겠지만, 사주와 사랑의 연결고리를 마련하기엔 충분할 것 같다.

자, 이제 사주적 사랑에 관해 얘기할 차례인데, 사주에서 사랑을 표현할 때 쓰는 용어는 꽤 고색창연하다. 수십 년 전 선을 보기 위해 호텔 커피숍에서 어색하게 만나는 남녀의 양장 차림을 떠올리게 한다.

궁합(宮合)에 관한 얘기다.

세 가지 사랑의 국면 가운데, 궁합은 어디에 주목할까. 인류학자는 사랑을 성적인 집착, 낭만적 사랑, 애착으로 나눴다. 성적인 집착은 사주가 관여할 바가 아니다. 사주는 남녀의 만남(낭만적 사랑)과 지속(애착)에 주목한다. 그리고 만남과 지속에 관한 판단을, 앞서 얘기한 대로 '궁합'으로 일괄해 부른다.

충과 합

언젠가 업무적으로 친분이 있는 방송 관련 협회의 국장 한 분이 "궁합 좀 봐 달라"며 30대 중반 남녀의 생년월일시를 보내왔다. 약간 걱정스러운 목소리였고, "제대로 봐주셔야 한다"는 말까지 덧붙였다. "어떻게 되는 관계인데 그리 걱정이 많으시냐"고 묻자, 사주의 한쪽 주인공인 여성이 자기 후배인데, 특별한 애착을 갖고 있는 친구라 했다.

조용한 밤 시간을 골라 두 사람의 사주를 들여다봤다. 걱정스러운 목소리의 이유를 알 수 있었다. 두 사람의 사주를 나란히 세워 놓자마자, 단박에 상황이 드러났다.

전통적인 궁합 판단에서 좋지 않다고 이야기하는 충(冲)이 곳곳에서 나타났다. 반대로 좋은 궁합의 근거로 얘기하는 합(合)은 눈에 띄지 않았다. 태어난 달에서, 또 태어난 날에서 여기저기 사주팔자가 충돌을 일으키고 있었다.

잠시, 사주 체계가 설명하는 '충'의 논리를 살펴볼까. 충은 지지에서 발생한다.

자(子) ↔ 오(午) | 물과 불의 충돌(쥐띠↔말띠)

축(丑) ↔ 미(未) | 흙과 흙의 충돌(소띠↔양띠)

인(寅) ↔ 신(申) | 나무와 쇠의 충돌(호랑이띠↔원숭이띠)

묘(卯) ↔ 유(酉) | 나무와 쇠의 충돌(토끼띠↔닭띠)

진(辰) ↔ 술(戌) | 흙과 흙의 충돌(용띠↔개띠)

사(巳) ↔ 해(亥) | 불과 물의 충돌(뱀띠↔돼지띠)

한 사람의 사주 안에서 충이 나타나면, 이 사람의 삶은 변화, 이동, 갈등, 단절, 분리의 국면에 접어든다. 그렇다고 무조건 나쁜 건 아니다. 충이 있어야 새로운 시작, 틀을 깨는 발전이 가능하다.

그런데 이런 충이 남녀 두 사람의 사주를 비교할 때 나타나면 궁합이 좋지 않다고 말한다.

그럼 합(合)은 어떨까.

합은 충에 비해 복잡하다. 합은 천간에도 지지에도 나타난다고 역술인들은 설명한다. 그래서 더 복잡한 것이지만, 직업으로 역술인을 할 게 아니라면 다 알아야 할 필요는 없다. 남녀의 연애와 결혼, 궁합은 세속의 일이다. 지지의 삼합(三合) 정도만 알아도 좋을 것 같다.

인+오+술=화국(火局) | 호랑이띠, 말띠, 개띠

신+자+진=수국(水局) | 원숭이띠, 쥐띠, 용띠

사+유+축=금국(金局) | 뱀띠, 닭띠, 소띠

해+묘+미=목국(木局) | 돼지띠, 토끼띠, 양띠

남녀의 나이 차가 네 살이면 궁합도 안 본단 얘기들을 한다. 삼합에서 나오는 얘기다. 인과 오와 술은 4년씩을 건너뛰면서 합을 이룬다. 신과 자와 진도 마찬가지다. 사와 유와 축, 해와 묘와 미도 모두 4년을 터울로 합을 이룬다.

인오술을 합쳐 불의 국면(화국)으로 보는 건, 가운데 있는 오(이게 오행으로 불)를 인과 술이 가세해 보강하는 것으로 보면 된다. 신자진, 사유축, 해묘미도 마찬가지다.

사주의 '공식'들은 자의적일 때가 많고, 군더더기도 많다. 모두 알려고 할 필요가 없다. 중요한 건 사주의 깊은 곳을 흐르고 있는 삶의 흐름을 포착하고 이해하는 것이다. 공식 이야기는 이 정도만, 사람 사는 이야기를 이어가자.

궁합은 정말 사랑의 조건일까

사랑과 결혼은 우리 삶의 중대사다. 평소 사주를 믿지 않는 사람들도 결혼할 때는 궁합을 알아보고 싶어 한다. 역술인들도 벌이를 위해 저마다 궁합 봐주는 것에 심혈을 기울인다. 그러다 보니 궁합을 보는 방식도 천차만별이 되고 말았다.

그런 혼란의 와중에 그나마 궁합을 보는 방식의 공통 분모로 인정받는 게 태어난 달, 즉 생월의 지지(地支)를 비교하는 방법이다. 태어난 달의 지지를 충과 합의 측면에서 살핀다. 두 사람의 생월 지지가 잘 어울리는지 비교해보는 것이다.

아쉽게도 어울리지 않을 때가 훨씬 더 많다. 현실이 그런 건지, 어울리는 조합보다 어울리지 않는 조합이 훨씬 많은 것으로 사주의 체계가 짜여 있다. 어울리지 않는 대표적 조합만 해도 형(刑), 충(沖), 파

(破), 해(害) 등 네 가지에 이른다.

궁합 당사자의 사주 사이에 이런 조합들이 중복해 나타나면 융화하기 힘들고, 불륜 일어나기 쉽고, 서로 자기 고집 세우다 풍파를 자초하고, 신뢰를 잃게 된다. 화합은 하지 못하면서 이별하지도 못하는 최악의 경우가 나타나기도 한다. 물론 사주 체계 안에서, 그리고 역술인들의 머릿속에서 주로 일어나는 일들이다.

어쨌거나 그때 풀이를 의뢰받은 궁합의 당사자들은 전통적인 역술의 견지에서 여기저기 균열의 조짐을 보였으니, 일이 잘 풀릴 리가 없었다. 그냥 어지간한 역술인이었어도 "이 결혼 안 하는 게 좋다"고 단언할 만큼 확연히 나쁜 궁합이었다.

두 사람 사주의 조합을 확인한 후 사주를 의뢰한 국장님에게 연락을 취했다. 내가 던진 첫 질문은 이랬다.

"보시기에 두 사람이 잘 어울립니까?"

둘 다 30대 중반의 다소 늦은 결혼이지만, 자신이 보기에 그 정도면 천생연분은 아니어도 행복한 삶을 꾸리기에 무리 없는 모양새라는 답변이 돌아왔다. 결혼할 분들을 직접 아는 건 아니었지만, 지체할 일은 또 아니었다.

전화를 끊고 두 사람의 사주에서 끄집어낼 수 있는 최대한의 덕담을 찾았다. 사주 전체의 오행 기운을 보면, 남성의 모자란 금 기운을 여성이 보충해 인생의 결단력을 높일 수 있는 부분도 있었다. 그밖에도 좋은 점이 몇몇 눈에 띄었다. 그런 점들을 정리해 협회 국장님에게 따로 보내 드렸다. "결혼할 두 분을 정말 사랑하고 아낀다면 전해 달라"는 메시지와 함께…….

안타깝게도 두 사람의 결혼이 성사됐다는 이야기는 전해 듣지 못했다. 잘 됐다면 연락이 왔을 텐데 말이다.

누가 부탁을 해와도 궁합은 잘 봐 주지 않는 편이다. 전통적인 방법으로 두 사람의 사주를 맞춰 궁합을 따지는 데 큰 무리가 있다는 사실을 경험적으로 여러 차례 확인했기 때문이다.

남녀의 결혼 궁합이건, 동성 간의 사업 궁합이건 두 사람 사주의 조화 여부를 따지는 것은 이론적으로 쉽지 않다. 궁합을 본다는 것은 두 사주의 화학반응을 보는 것인데, 이게 너무 복잡하다. 태어난 연월일시 각각의 천간과 지지가 서로 어떤 식으로 반응하는지 살펴야 하는데, 변수가 너무 많다. 몇 가지 규칙에 의존해 궁합을, 그것도 때에 따라서 속궁합까지 이야기하는 관행은 심각한 문제다.

결혼, 중화와 융합

수많은 커플이 우리 주위에 있다. 그들 중엔 세상을 떠나는 날까지 연인 같은, 친구 같은 관계를 유지하는 이들도 있다. 인류학자의 사랑

구분을 따르자면, '낭만적 사랑'에서 '애착'으로의 전환을 성공적으로 이뤄낸 부부들이다.

행복한 결혼 생활의 비결은 무엇일까.

한자 문화권엔 회혼(回婚)이란 용어가 있다. 이 세상에 태어나 60년 인생을 살아내면 회갑(回甲)이란 말로 축하한다. 육십갑자가 한 바퀴 돌았다는 의미다. 회갑처럼 한 부부의 결혼 생활 60년을 축하하는 단어가 회혼이다.

요즘엔 회갑이 흔해 축하하는 경우가 없지만, 회혼은 여전히 드물다. 결혼을 늦게 하고, 이혼도 많으니 더 희귀해졌다고 말해야 옳겠다.

회혼까지는 아니어도 좋다. 인생의 황혼까지 애착을 유지하는 부부들에겐 어떤 비밀이 있을까.

십신과 용신을 설명하면서 '중화'에 관한 얘기를 했다. 누구나 불균형하기 마련인 오행의 부족분을 메우는 게 용신이란 설명이었다. 애매하기 짝이 없는 용신을 애타게 찾아내 이루려고 하는 게 바로 중화의 경지다.

결혼은 언제나 결핍 상태인 남과 여 각각의 사주가 만나 중화를 모색해 가는 과정이라 보면 될 것 같다. 그들이 함께하는 수많은 나날의 일상을 통해, 따로따로 존재하던 두 사주가 융합해 가는 과정이 행복한 결혼이다.

하지만 모든 융합은 충돌을 전제로 한다.

서로 부딪치고 갈등하는 과정에서, 유전으로 치면 DNA 같은 사주의 오행 요소들이 과도하게 돌출했던 부분을 상대의 오목한 틈에 맞춰가는 게 융합이다. 첨예한 갈등을 융합해, 끝내 두 사주의 중화를 이뤄내는 커플을 많이 볼 수 있으면 좋겠단 생각을 요즘 자주 한다.

열다섯째 날

재앙은 12년에 한 번씩?

궁합의 결과를 보여주며, 결혼을 앞둔 커플을 겁주는 역술인들을 떠올리다 보니 '공포 마케팅' 같은 용어가 떠오른다. 소비자의 불안과 공포를 자극해, 상품과 서비스를 구매하게 만드는 게 공포 마케팅이다.

사주에도 공포 마케팅이 있다. 사주의 공포 마케팅은 삼재(三災)란 용어에서 절정을 맞는다.

세 가지 재앙? 그렇게 단순하진 않다.

삼재란 용어는 당초 역술인들의 돈벌이를 위해 만들어진 건 아니다. 찬찬히 연원을 더듬어 보자.

사랑 얘기를 꽤 길게 했다. 세상이 사랑으로만 굴러간다면 얼마나 좋을까. 낭만적 사랑과 은은한 애착으로 굴러가는 삶, 관계는 평화롭고 안락하다.

하지만 삶은 고통으로 가득하다. 불교에선 그걸 고(苦)라는 한 글자로, 동양 사유의 또 다른 축인 유교에선 난(難)이란 글자로 요약한다. 붓다의 '고'는 다들 알지만, 공자의 '난'은 생소할 수도 있겠다.

누군가로부터 우리의 삶을 한 글자로 요약해 달란 주문을 받은 공자가 제시한 단어가 바로 '어려울 난(難)'이었다. 삶은 그렇게 고생스럽고(고) 어렵다(난). 삶은 말 그대로 고난이다.

사주는 삶 전체를 '고'와 '난'으로 일반화하지 않는다. 고난으로 충만하되, 고난이 부풀어 오르는 삶의 시기가 따로 있는 것으로 진단한다.

고난을 시간 속에서 상대화할 수 있다면 그것만으로 축복이다. 몰려와 나를 힘들게 하다가도, 어느 순간 사라지니까 말이다.

사주에서 말하는 삼재는 들어왔다 나간다. 계속 머물지 않는다.

삼재, 불과 바람과 물의 습격?

그런데 삼재가 사주 체계에서 차지하는 비중은 그리 크지 않다. 사주의 중추라 할 오행과의 연관성도 미미하다. 삼재의 정체를 알고 나면 기계적이라 할 만큼 단순하기도 하다. 그런데 연말 연초만 되면 꽤 많은 이들이 삼재 얘기다.

"내가 올해 삼재에 들었대. 어디 아프기라도 할라나."

"삼재라는데 어디 가서 부적이라도 할까 싶네."

도대체 삼재가 무엇이기에 그렇게들 걱정할까.

삼재는 말 그대로 세 가지 재앙이다. 그런데 세 가지 재앙의 내용이 왔다 갔다 한다. 삼재에 관한 사전의 해설은 험난한 시절의 사회상을 극명하게 반영한다. 세 가지를 이렇게 열거한다.

칼 같은 무기로 인해 입는 재난

전염병에 걸리는 재난

굶주림에 시달리는 재난

이 정도 재앙을 한꺼번에 일으키는 상황은 물론 전쟁이다. 그리고 실제로도 그런 일이 일어난다. 예컨대 몽골의 침략이라든가, 임진왜란이라든가, 한국전쟁의 상황이라면 칼·전염병·굶주림이 한데 몰려오는 삼재가 가능하다. 하지만 보통 사람들이 일상의 상황에서 겪을 재앙은 아니다.

그런데 재앙의 내용이 극심한 나머지 일상에서 멀어지면 '삼재'란 용어 자체가 살아남기 어려워진다. 꼭 그런 이유에서는 아닐지 모르지만, 삼재의 내용이 누군가에 의해 추상화되기 시작한다. 칼, 전염병, 굶주림처럼 재앙의 구체적 내용을 날린다. 대신 잡다한 일상의 고난들로 확장되기 쉬운 '거시 담론'이 자리를 차지한다.

불의 재난(火災)
바람의 재난(風災)
물의 재난(水災)

왜 이런 확장과 추상화가 필요한지 짐작할 수 있다. 재앙의 내용을 이런 식으로 큰 그림으로만 보여주면 누구도 그 잠재적 두려움을 피해 갈 길이 없다. 누구나 살고 있는 집에 화재(불)가 날 수 있다. 태풍(바람)과 홍수(물)로 인한 피해도 사람을 가리지 않는다. 불과 바람과 물은 언뜻 보면 신비하고 초자연적인 무언가를 뜻하는 것 같지만, 사실은 세상의 모든 재앙을 의미한다.

주기적으로 침입하는 재앙

이렇게 삼재가 불행 일반을 상징하는 것으로 바뀌고 나면, 불행의 구체적 내용을 구분하는 게 사실은 무의미해진다. 중요한 건 시기가 된다. 사주 체계는 삼재의 구체적 내용을 흐리고 대신 삼재의 발생 시기를 강조하는 방향으로 진화한다.

삼재가 언제 들어오느냐를 판단하는 방법은 간단하다. 너무 기계적이어서 허탈할 정도다.

삼재는 12년에 한 번씩 정기적으로 찾아와 3년간 한 사람의 삶을 교란하다 떠난다는 게 사주의 진단이다. 그리고 12년의 기준은 그 사람의 태어난 해, 바로 그 사람의 띠다.

아래 표에서 두 번째 열을 보면, 원숭이, 돼지, 호랑이, 뱀이 등장한다. 한자로 바꾸면 申(신), 亥(해), 寅(인), 巳(사)다. '인신사해'의 재배열이다. 계절의 초입을 의미하는 지지가 인신사해였다. 세상의 모든 삼재는 원숭이의 해, 돼지의 해, 호랑이의 해, 뱀의 해에 시작한다.

띠	삼재의 시작	
호랑이·말·개	원숭이(申)의 해	갑신, 병신년 등
뱀·닭·소	돼지(亥)의 해	을해, 정해년 등
원숭이·쥐·용	호랑이(寅)의 해	갑인, 병인년 등
돼지·토끼·양	뱀(巳)의 해	을사, 정사년 등

세상에, 그게 맞는 얘기일까.

예컨대 호랑이띠, 말띠, 개띠인 사람은 원숭이가 들어간 해에 삼재를 맞이한다. 뱀띠, 닭띠, 소띠들은 돼지해가 찾아오면 긴장해야 한다. 집단적으로 삼재를 맞이하고 떨쳐 보낸다는 것, 뭔가 이상하지 않은가. 사주의 삼재는 이렇게 기계적이다.

부적 장사

대단히 기계적이고 단순한 방식이 사주를 모르는 일반인에겐 신비하게 느껴진다. 알고 나면 별것 없다. 누구나 자신에게 삼재가 들어오는 해를 쉽게 계산할 수 있다.

그런데도 '삼재'란 용어의 상징성은 강력하다.

"올해는 온갖 재앙이 내게 쳐들어오는 해야!"

"아, 내 재앙이 연말만 되면 다 빠져나간대……."

새해를 맞을 때마다 많은 이들이 삼재의 진퇴에 대해 궁금해 한다.

문제는 이런 심리를 악용해 십이지를 좀 돌릴 줄 아는 역술인들이 부적 장사를 한다는 것이다.

다양한 부적이 존재하지만, 삼재 대응용으론 주로 삼두일족응(三頭一足鷹)이란 부적을 많이 쓴다. 머리 세 개에 다리는 하나만 있는 매가 그려진 부적이다. 이런 부적 하나 사려면 싸도 10만~30만 원이다. 굿을 권하기도 하는데, 하라는 대로 하면 400만~500만 원이 우습다.

가당찮은 일이다.

내용도 불분명한 재앙(불과 바람과 물의 재앙이라니!)이 12년에 한 번씩, 그것도 정해진 해에 들어온다. 그리고 삼 년을 간다. 그 재앙을 멸하려면 부적을 써라, 굿을 하라, 아니면 절에서 제사라도 지내라…….

조심조심 살아가는 것, 좋다. 삼가는 일의 중요성을 모르지 않는다. 하지만 불행이 어떻게 12년에 한 번씩 정기적으로 찾아오나.

삼재는 작위적이고, 부적은 악의적이다.

삶의 현장엔 도처에 함정이 깔려 있다. 흔히 인생에서 겪는 어려움을 삼재팔난(三災八難)이라고 한다. 삼재가 됐건, 팔난이 됐건 불행은 언제든 찾아올 수 있으니 항상 대비하고 절제하며 살아야 하는 게 옳다.

다만 그런 불행이 무조건 12년에 한 번 찾아올 것이니, 12년에 한 번씩은 부적이나 굿에 돈을 써야 한단 말을 믿어야 할까.

차라리 현대판 부적을

지인 중에 "삼재라는데 부적이라도 할까?"라고 묻는 사람들이 요즘도 있다. 당연히 하지 말라고 한다. 그렇긴 해도 삼재에 대한 긴장은 심리적인 문제이니 그렇게 한마디로 잘라버리는 게 미안할 때도 있다.

그럴 땐 그냥 맘에 드는 색상의 신용카드 하나 신청하는 건 어떠냐고 말해준다. 다만, 아무 색상이나 고르지 않는다. 자기에게 필요한 색의 카드를 고르는 거다. 요즘엔 카드 디자인이 워낙 다양하니 신경 좀 쓰면 가능한 일이다.

어떤 색깔을 골라야 할까.

일단 만세력으로 자기 사주를 뽑아본다. 그리고 그걸 오행으로 치환한다. 목, 화, 토, 금, 수 오행 중 분명히 빠진 게 나타난다. 두루 갖추었더라도 상대적으로 부족한 오행이 당연히 있다.

개인적으론 오행 중 물 수(水)의 기운이 없단 얘기를 한 적이 있다.

저처럼 물 기운이 없는 사람은 검정 카드가 좋다. 물론, 심리 차원의 얘기다.

이 세상을 가득 채운 에너지가 오행의 형식으로 존재하는 게 사실이라면 실제로도 도움이 되겠다. 그건 어느 정도 믿음의 영역이니 괄호를 치고 얘기를 이어나가자.

수 기운이 부족한 사람은 왜 검정일까.

나무	불	흙	쇠	물
청(파랑)	적(빨강)	황(노랑)	백(흰)	흑(검정)

나무가 부족하면 파란색 카드를, 불이 부족하면 빨간색 카드를, 흙이 부족하면 노란색 카드를, 쇠가 부족하면 흰색 카드를 지갑에 하나씩 넣고 다니면 그게 부적이다.

4부

대운

열여섯째 날 ─────

6개월이면 반전

세상에 변하지 않는 게 있을까.

없다.

변하지 않는 게 없는데, 불변의 사주가 존재하는 것처럼 얘기해 왔다. 타고난 사주가 평생 지속되는 것으로 전제하고 지금껏 설명을 이어왔다. 태어난 날의 연월일시로 구축한 사주 또는 팔자가 낙인처럼 또렷할 것처럼 말해 왔다.

태어난 시간을 기준으로 여덟 개의 글자가 정해지긴 한다. 사주의 원국(原局)은 존재한다. 하지만 끊임없이 흔들린다. 끊임없이 흔들리면서도 아예 사라지진 않으니, 이걸 어떻게 봐줘야 할까. 때론 한 사람의 삶에 부여된 최소한의 경계처럼, 때론 고단한 삶을 감싸는 환영처럼 여덟 개의 글자는 우리 곁을 떠나지 않는 중이다. 하지만 고정불변의 모습으로 머물러 있진 않다.

열여섯째 날 공부엔 이제껏 생각하지 않았던 시간 개념을 사주 속으로 불러들인다. 한 사람에게 평생 적용되는 사주가 정해져 있는 것처럼 말들 하지만, 사실은 그렇지 않다.

시간은 한 사람의 사주 원국을 어떻게 뒤흔들까. 계절에 관해 다시 한번 생각해 봐야 한다. 사람 살아가는 일에 있어, 사계절은 여러모로 압도적이다.

사주는 무엇으로 사람을 위로할까

세상은 누구에게나 삭막하다. 명리를 연구하는 사람들이 사주를 삶에 덧대는 걸 보고 있으면 그런 삭막함이 조금은 줄어든다. 점(占)이란 창(窓)을 통해 세상을 바라볼 때 얻을 수 있는 즐거움이 있다. 사주니 주역이니 하는 것들이 현대인에게 필요한 건, 그들이 사람을 위로하기 때문이다. 위로야말로 이른바 '강호 동양학'의 가장 큰 미덕이다.

사주는 무엇으로 사람을 위로할까. 사주는 기본적으로 자연친화적이다. 문명과 함께 태동했지만, 문명과 항상 거리를 두어 왔다. 그래서 미신이라는 소리를 듣지만, 사실은 미신으로 몰린 덕에 문명에 물든(사실은 찌든) 현대인을 위로할 능력을 잃지 않았다.

그중 첫 번째 능력이 느긋함이다. 창을 열고 밖으로 펼쳐진 풍경을 보라. 자연은 서두르는 법이 없다. 사람들이 일상적 스트레스에 시달리며 조바심을 낼 때, 강호의 동양학은 차분하게 다독인다. 조금만 참으라고, 적어도 6개월은 참아 본 후에 이야기하라고…….

오래 전에 〈플래시포워드(flashforward)〉라는 미국 드라마가 상영됐다. 플래시백(flashback)이 아니라 '플래시포워드'다.

플래시백은 소설, 연극, 영화에서 사용되는 창작의 기법이다. 책이나 무대, 스크린에서 펼쳐지던 이야기가 방향을 바꿔 갑자기 과거로 건너뛴다. 요즘 이야기를 하다가 갑자기 옛날이야기가 나온다. 플래시포워드는 반대다. 지금 이야기가 훌쩍 미래로 건너뛴다. 〈플래시포워드〉는 바로 그 '플래시포워드' 기법을 테마 삼은 미국 SF 드라마다.

스토리가 흥미롭다.

전 세계 사람들이 어느 날 일제히 2분 동안 정신을 잃었다가 깨어난다. 그런데 정신을 잃었을 때 저마다 어떤 이미지를 보게 된다. 6개월 후 각자의 미래다. 6개월 후 자신의 운명을 알게 된다.

명리의 맥락에서 드라마가 제시한 6개월이라는 시간은 의미심장하다. 명리에서 6개월은 한 사람의 운명에 가시적인 변화가 일어나는 최소 단위다. 지금 힘든 일이 있어도 6개월이 지나면 그 사건의 색채는 달라진다. 지금이 삶의 전성기라고 6개월 후에도 그러리란 보장은 거의 없다. 사는 게 그렇다. 이건 위로이기도 하고, 경고이기도 하다.

그보다 먼저, 왜 6개월일까.

지금이 봄이면 6개월 후는 가을이다. 입춘, 우수, 경칩을 지나며 꿈틀하던 생명은, 6개월 후 입추, 처서, 백로를 지나며 기진맥진하다. 곧 낙엽이 떨어진다.

가을을 숙살지기(肅殺之氣)의 계절이라 말한다. 엄혹할 정도로 철저하게(숙) 모든 걸 죽이는(살) 계절이다. 봄의 생명력은 가을이면 소진한다. 지금이 모든 생명이 움츠린 겨울이라면, 그로부터 6개월 후엔 모든 게 활활 타오르는 여름이다.

6개월이란 시간이 만들어 내는 변화들이다.

삶도 예외가 아니다.

다시 충 이야기

궁합을 얘기하면서 충(沖)에 관해 잠깐 얘기했다. 충이 바로 6개월이 만들어 내는 변화를 추상화한 단어다. '충'은 원래 고대 중국의 천문학 용어다. 고대의 천문학까지 들여다볼 필요는 물론 없다. 그보다 충이란 한자의 독특한 위상을 알아뒀으면 한다. 충에는 조화와 충돌의 의미가 함께 들어 있다.

궁합을 공부할 때 기억을 조금 더 되살리자. 지난 페이지를 들쳐보아도 좋다.

십이지 가운데 자(子)와 오(午)가 '충' 했다. 이걸 쥐(子)띠와 말(午)띠가 다툰다는 식으로 풀기도 하는데, 초보적인 이야기다. 지나치게 단순하고 말초적인 해석이다.

동양적 사유에서 '자'는 12월에, '오'는 6월에 해당한다. '자-오의 충'은 그러니까, 12월에 생긴 모종의 기류가 6월에 가서 반전(反轉)을 맞는 상황을 묘사한다.

자연의 일이건 세상의 일이건 비슷하다.

6개월 후면 어떤 일이든지 반전을 통해 전체적인 조화를 이뤄내려 한다. 봄의 미래가 가을이고, 겨울의 미래가 여름이다. 과거와 미래가 한데 어울려 조화를 이루는 게 우리 삶이다.

그러니 지금 힘들어도 6개월은 참아야 한다. 사람의 일이란 게 6개월만 지나면 어떤 식으로든 변한다. 아무리 힘들어도 6개월씩 '플래시포워드'해 생각하는 습관을 들일 필요가 있다.

많은 사람이 자의식에 사로잡혀 자신만은 자연적 변화의 영향권 밖이라 느끼기 쉽지만, 한번 조용히 생각해 보시라. 삶의 고민, 기쁨이 6개월 넘게 같은 모습으로 지속된 적이 있는지를.

100일의 비밀

그래도 여전히 궁금하다. 자연에 깊숙이 스민 6개월 원칙이 정말 인간사에도 적용될까. 물리적이기만 한 자연의 변화가 물리와 심리의 양면을 지닌 인간 세상의 변화에도 그대로 연결될까. 자연의 법칙은 강건해서, 정말 시공을 가리지 않고 자신을 관철할까.

인간사가 가장 전형적으로 드러나는 남녀의 사랑을 생각해 보자.

사람들은 모두 사랑한다. 고차원인 사랑이 아니어도 좋다. 사랑은 인간관계의 기본이면서 극치다. 그렇게 지극한 인간적 사랑도 자연의 순환을 피해 가지 못한다.

사랑에 빠진 연인들의 정기적인 뇌 MRI 촬영을 통해 사랑의 유효 기간이 최대 몇백 일이라는 식의 연구 결과도 나오지만, 번잡한 실험이 필요하지도 않다.

남녀의 사랑은 얼마나 지속될까.

연애하는 이들은 100일을 기념한다. 잊고 있다가도 100일이 다가오면 긴장하고 이벤트와 선물을 준비한다.

한 커플이 사랑을 시작한 지 100일이 된 것을 기념하고 나면, 두 사람의 감정은 서서히 잦아들기 시작한다. 100일이면 얼추 석 달이다. 이성적 사랑은 100일에서 정점을 찍고, 이후 석 달 동안 완만한 하강 곡선을 그린다. 남녀의 100일 기념은 그러니까, 앞으로 식을 일만 남은 사랑에 대한 아쉬움과 안타까움의 표현이다.

어느 해 봄, 막 움트기 시작하는 새싹과도 같은 사랑이 시작된다. 100일이 지나 여름쯤, 이 사랑은 클라이맥스로 치닫는다. 그리고 사랑의 시작을 기점으로 6개월 후, 사랑의 강도는 사랑의 시점에서와 비슷한 정도가 된다. 방향은 정반대, 하강하고 있다. 석 달간 치솟다가 석 달간 내려가는 그래프를 쉽게 상상할 수 있다.

사랑은 늘 그런 식이다. 자연의 순환을 벗어나지 못한다. 봄이 가을로 가는, 여름이 겨울로 가는 6개월 동안 사람의 일 역시 봄에서 가을로, 여름에서 겨울로 간다. 치솟아 오르면 추락한다.

왜 이런 일이……?

일은 꼭 그렇게 진행되어야 할까.

수십 만 년에 걸쳐 자연이 인간의 심리, 정서에 새겨 놓은 주기가 있다. 인간 자체가 자연이기도 하다. 사랑은 충동이고 충동은 호르몬의 산물이다. 호르몬의 분비와 소거는 자연의 순환을 따른다. 열렬한 그들의 사랑이 일 년을 넘고 이 년을 넘어가면서도 같은 강도로 계속되면, 두 사람은 병난다.

병적인 사랑이 된다.

회오리바람도 아침 반나절을 못 넘기고, 소나기도 하루를 못 넘긴다. 노자의 말이다. 노자는 바람과 비 얘기를 꺼내기 직전에 희언자연(希言自然)이라 속삭였다. 말을 아끼는 게 곧 자연이라는 뜻이다.

군소리 하지 않는 자연은 그러나 강건하다. 자연과 사람 가리지 않고 자신의 변화 주기를 관철한다. 소리 없는 자연이, 소란한 세상을 압도한다.

6개월이면 반전

사람은 저마다의 사주를 갖고 태어난다. 세상과 만나는 그 순간, 오행이 아로새겨진 여덟 글자, 즉 팔자를 받는다.

팔자의 그릇은 제한적이다. 빈칸이 여덟 개뿐이니 어떤 오행은 넘치고, 어떤 오행은 모자란다. 여기, 사주에 불 화(火)가 가득한 사람이 있다. 화 기운 풍성한 여름에 이 사람의 일이 잘 풀릴까. 안 그래도 불이 많은데, 환경까지 불타오르는 중이다. 직장 문제든 연애 문제든 좋을 일이 없다.

노력으로 풀리는 상황이 아니다. 차라리 그저 자제하고, 자신이 지금 운명의 큰 흐름 속에서 어떤 위치에 있는지 고요히 관망하는 게 낫다. 그러다 보면 계절이 바뀌고 물 수(水) 기운 풍성한 겨울을 맞는다.

수극화(水克火)라 했다.

물은 불을 친다. 과도한 불이 자연스레 잦아든다. 뭔가 답답하고 교착 상태에 있던 문제들이 풀리기 시작한다. 6개월이란 시간이 만들어내는 일이다.

6개월만 참으라는 말은 그래서 한다. 점을 보러 가면 역술인들이 그런다.

"올해 10월이 지나야 일이 풀려요."

괜한 격려와 지침이 아니다. 사주가 근거다. 자연의 흐름에 기댄 말들이다.

하지만 굳이 점을 치러 가지 않더라도 사주 체계가 귀띔해 주는 자신의 운명 흐름을 알고 있다면, 운명의 터닝 포인트도 짐작할 수 있다. 점치러 가지 않아도 위로받을 수 있다.

운명이 바뀔 가능성, 운명이 바뀌는 시기를 짐작할 수만 있어도 우리는 위로받는다. 평정을 찾을 수 있다. 내가 지금 어디쯤 서 있는지 알기만 해도 평안이 찾아온다.

주위 사람들을 눈여겨보면, 6개월이란 시간이 사람들의 삶을 어떻게 변화시키는지 알 수 있다. 언젠가 지인 두 명의 사주를 풀어 주며 그들의 고민을 들어준 적이 있는데, 두 사람 다 6개월 정도 걸려 전기(轉機)를 맞는 것을 봤다.

그중 한 분은 미혼의 40대 중후반 여성이다. 9월 무렵 조언을 청해 왔는데, 이야기인즉슨 본인이 두어 달 전부터 심한 우울증에 시달리고 있다는 것이다. 직장 일도 풀리지 않고, 홀로 모시는 어머니까지 버겁게 느껴진다고 했다.

사주를 훑어보았더니, 아닌 게 아니라 인성(印星)이 강했다. 십신을 축약한 인(印), 비(比), 식(食), 재(財), 관(官) 중 '인'이다. 인성은 태어난 날의 오행(일간)에 힘을 실어주는 오행으로 가족 관계로는 어머니, 삶 전체로는 명예운을 뜻한다. 인성이 강한 사람은 정신적으로 관대한 편이지만, 그게 이상한 방향으로 가면 눈치만 빠르다.

이분은 인성이 강하다 보니 어머니가 짐이 되기 쉬웠다. 우울증의 큰 요인도 직장이라기보다 어머니에 대한 과도한 걱정인 듯했다.

이분은 흙의 날에 태어났다(토 일간). 그런데 사주 전체에서 강한 불기운이 감지됐다. 그의 우울증이 시작된 여름은 불기운이 강성한 시절이다. 불은 흙에 힘을 실어준다(화생토). 안 그래도 강한 인성이 더 강해졌고, 그는 힘들었다.

이럴 땐 화 기운을 쳐 주는 수 기운이 필요한데, 겨울이라도 되면 조금 나아지겠다 싶었다. 그래서 그에게 "12월, 1월이 되면 어떻게든 달라질 것"이라 말해주었다.

한겨울이 지날 무렵, 이분은 자신의 블로그에 꾸준히 올린 글로 책을 냈고 나이 들어 작가라는 명예를 얻었다. 작가 데뷔와 함께 이런저런 정서적 문제도 해소됐다. 인성은 어머니인 동시에 명예운을 뜻한다고 했다. 강한 인성이 적당하게 조율되면서 명예를 얻었다.

또 한 사람은 이직 문제로 고민하던 40대 초반의 남성이다. 대기업을 다니다, 대학 교직원으로의 전직을 꿈꾸며 학교 두어 곳을 알아보고 있었다. 그런데 어디서도 확답이 오지 않아 고민이라 했다. 조언을 요청한 건 연초였다.

연월일시를 받고 사주를 풀어 보니, 가을은 돼야 관운이 들어오는 형국이었다. 이 사람은 나무의 날에 태어났다. 나무를 치는 쇠의 기운이 관운에 해당한다. 금극목(金克木)이다.

생애주기를 볼 때도, 그에겐 적당한 금 기운이 깃드는 중이었다. 좋은 직장 찾는 데 무리가 없어 보였다. 그래서 "대학의 2학기 일정 시작되기 전에 좋은 일 있을 테니 불안해하지 말라"고 귀띔해 줬다. 실제 좋은 일이 있었다.

세상사는 복잡하다. 수많은 이들의 운명이 얽히고설켜 있는 게 사람 사는 세상이다. 내 아픈 사연들만 약속한 듯, 6개월 만에 풀리기는 어렵다. 하지만 큰 변화는 아니어도, 삶에 감사함을 느끼게 하는 소소한 변화들은 6개월을 단위로 수시로 찾아오고 또 사라진다. 봄에서 가을이든, 겨울에서 여름이든 두 계절만 견뎌 보란 얘기를 진지하게 들려주는 건 그런 믿음 때문이다.

하지만 안타깝게도 한번 질곡에 빠지면 잘 헤어 나오지 못하는 게 사람이기도 하다. 술 좋아하는 사람은 폭음하고, 마음 약한 사람은 스스로를 좌절로 밀어 넣고 헤어 나오지 못한다.

자아에 대한 지나친 몰입 때문에 생기는 일들이다. 하지만 그렇게 자기에게만 몰입해 있으면, 정해진 운명의 변화가 순리로 예비하고 있던 혜택들조차 내 곁을 떠나간다. 자신에게서 헤어 나와야, 자연의 운항이 주는 은총을 누릴 수 있다. 그런 때에만 세월의 치유 효과를 확인할 수 있다.

열일곱째 날 ─────────────

파란만장

사주는 연월일시의 조합을 활용해 한 사람의 운명을 포착한다. 태어나는 순간 그에게 집중되었을 모종의 우주적 기운으로 그 사람의 삶을 고정하려는 시도다. 하지만 포착할 수 있을지 몰라도, 고정하진 못한다.

사주 또는 팔자로 한 사람의 생을 고정하려는 순간, 그 생은 사주를 이탈한다. 그건 불가피한 일이다. 시간이 개입하기 때문이다. 시간은 사건들로 이뤄진다. 한 사람의 사주는 쉬지 않고 변할 수밖에 없다. 사주는 삶의 굴곡을 따라 요동친다.

그러나 이리저리 꺾인 삶의 모습을, 우리는 한참 동안 외면해 왔다.

이제 직면할 시간이다.

특별한 삶

잠시 지난 20세기를 진진하게 살다가 21세기의 초입에 세상을 뜬 한 사람의 생애, 그 운명적 삶을 스케치하듯 조망해 볼까 한다. 정치인 김대중의 이야기다.

공식 연보가 전하는 그의 삶은 이렇다.

1924년에 태어난 김대중은 20세에 목포상고를 졸업하고, 몇 번의 낙선 끝에 1961년 그러니까 37세에 강원도 인제에서 민의원, 39세에 6대 국회의원에 당선되면서 정치권에 진입한다. 이 정도의 곡절은 어느 정치인에게나 있을 법하다.

정치권 진입 후 10년 만인 1971년 47세에 대통령 선거에 나서기까지 그의 인생은 절정으로 치달았다. 그러나 낙선과 함께 당시 장기 집권자 박정희의 위협적인 정적으로 자리매김하면서 수난의 길로 접어든다.

49세에 일본 도쿄에서 납치돼 죽을 뻔했고, 1980년 56세에 내란음모 사건으로 사형선고를 받으며 끝 모를 나락으로 빠진다. 나락의 삶을 지켜준 건 미국 망명이었다. 이후 1997년, 73세의 나이로 대통령이 되고, 76세(2000년)엔 노벨평화상을 받는다.

드라마틱한 일생이다. 2009년, 회한과 환희로 가득한 삶을 85세에 마감할 때까지 김대중의 삶은 일반인이 상상하기 어려운 진폭으로 오르내렸다.

그의 회한과 환희를 잠시 잊고, 평생을 오르락내리락한 삶의 궤적만 최대한 건조하게 복원해 보자. 상승과 하강만으로 그의 삶을 요약해 보자.

그의 삶은 정치에 입문하던 37세까지는 작은 파동을 그리면서 점진적으로 상승한다. 그로부터 10년 후인 47세까지 조금 더 가파른 상승곡선을 그리다가 대통령 선거에 나선다. 이후 그래프가 반전한다. 사형선고를 받는 56세까지 10년간 거의 수직에 가까운 하강을 보여준다.

보통 사람의 경우라면 이 정도 굴곡도 경험하기 어렵다. 경험했더라도 60세에 가까우니, 지난날 모두 잊고 반추하며 정리해야 하는 시점이다.

그러나 김대중은 이 지점에서 노벨평화상을 받는 76세까지 20년 동안 느리되 강건한 저력으로, 한 인간이 경험할 수 있는 최고조까지 그래프를 끌어올린다.

이런 굴곡을 그리는 인생은 흔하지 않다. 하지만 정도는 다를지언정 누구나 인생의 굴곡을 경험한다. 저마다의 진폭으로 굴곡의 그래프를 그리면서 살아간다.

온갖 후회와 반성으로 가득한 삶의 굴곡을, 건조하고 개념적인 수학의 그래프로 표현한다는 사실이 역설적이다.

인생 굴곡 그래프

기업 교육이나 연수 프로그램 중에 단골로 등장하는 것 중 하나가 '인생 굴곡 그래프'다. 자기 계발 강사들이 처음 만난 직장인들을 앞에 두고 어색함을 풀어 주기 위해 곧잘 들고 온다.

종이를 나눠 주고 x축에 10세, 20세를 거쳐 지금 나이까지의 연령대를 구간으로 표시한다. y축에는 삶의 질을 기준으로 한 상중하를 표시한다. 그리고 순전히 자신이 평가하는 대로 인생의 굴곡을 표시한다.

참석자 누구든 이 그래프를 작성하고, 희고 큰 백지에 그린 자신의 그래프를 들고 나와 해설을 시작하면 분위기가 숙연해진다.

한 사람의 인생 역정을 듣는 일이 그렇다. 아무리 요약본이어도 그 속엔 짙은 페이소스 같은 게 담긴다.

사람들은 기쁜 일보다 어려운 일을 속 깊이 품고 사는 경우가 많다. 그런 회한들이 오르락내리락하는 그래프 앞에서 속수무책으로 흘러나온다. 어떨 땐 발표자나 청취자 중 일부가 눈물을 흘리기도 한다. 그런데 그들의 눈물과 무관하게 확실한 건 누구도 시작부터 끝까지, 기울기 변화 없이 수평으로 가는 그래프를 그리는 사람은 없다는 것이다.

자신이 살아온 삶을 소설로 쓰면 '트럭 분량'이라고 말하는 사람도 있지만, 그저 자본주의를 사는 소시민으로 자신을 규정하는 사람이 더 많을 줄로 안다.

"내 인생, 그냥 평범하지 뭐."

"좋은 일도 있었고, 나쁜 일도 있었고. 그냥 그랬지."

하지만 삶의 굴곡 없는 사람이 어디 있을까. 어린 시절부터 지금까지의 삶을 눈감고 차분히 떠올리고 그걸 그래프로 그리면, 요동까진 아니어도 외로운 어느 밤의 숨죽인 울음처럼 들썩이기 마련이다.

대운

사주 명리의 예측과 설명도 궁극적으로는 대기업 연수의 단골 메뉴인 인생 굴곡 그래프 그리기와 다르지 않다. 다만 그래프의 패턴에 어떠한 규칙이 있을 것이라 믿고 미래 인생의 굴곡까지 예견해 준다는 게 다르다.

그리고 그 패턴이 바로 사주에서 얘기하는 '대운(大運)'이다.

대운의 개념이 도입되면서, 사주는 다시 한번 도약한다. 시간과 세월을 품게 된다. 사주의 원국이라고 하는 것이 꿈틀거리며 움직이기 시작하고, 이어 멀리까지 자신을 펼쳐 놓기 시작한다.

역술인들은 이 인생 굴곡 그래프를 다시 한자(물론 오행과 육십갑자)들의 나열로 치환해 두고, 그 그래프의 굴곡에 영향을 미치는 관운, 재운, 결혼운, 명예운을 따지게 된다.

열여덟째 날 ———————————————

대운, 삶을 물들이다

대운은 원국(原局)과 함께 사주의 두 축이다. 하지만 중요도로 따지면 대운이 윗길이다. 원국을 품으며 삶의 세월과 함께 변화하기 때문이다. 사주 원국은 대운의 입장에서 보면, 기초 재료에 불과하다. 사주 원국은 스스로 완결성을 허물고 대운의 '재료'가 되면서, 전체 사주 체계를 풍요롭게 만든다.

대운과 원국, 사주의 두 축이 결합하는 데 엄청나게 복잡한 원리가 필요한 건 아니다. 가볍게 시작하자.

○ ○ ○ ○
○ ○ 봄 ○

10대	20대	30대	40대	50대	60대	70대
봄	봄	여름	여름	여름	가을	가을

무엇을 의미하는 도식일까. 이 간단한 도식의 의미만 알면 사주의 비밀이 담긴 대운에 관한 이해는 끝난다.

위쪽 도식이 사주의 원국, 아래쪽 도식이 대운이다.

사주는 이 두 개의 도식에 의해 굴러간다. 두 도식과 무관한 사주의 언설들은 사실, 죄다 무시해도 좋다.

사계절을 살아가다

이 사주의 주인공은 봄에 태어났다. 봄이라고 표시한 자리는 '월지', 그러니까 태어난 달을 뜻한다. 태어난 달을 1~12월 중 하나의 달로 세분하는 대신, 계절로만 나타냈다. 대운을 쉽게 이해하기 위한 임시방편이다.

태어난 달의 중요성은 앞서 얘기했다. 사주 전체의 분위기를 좌우하는 중요한 자리다. 일간이 사주 주인공의 정체성을 결정 짓는다면, 월지는 이 사람이 태어나면서 처한 환경을 뜻한다.

이 사람은 봄에 태어났다. 봄은 자연적 계절이기도 하지만, 이 사람이 출생과 함께 환경으로서 받은 오행으로서의 봄이기도 하다. 오행으로서의 봄은 '따뜻한 봄'이 아니라 나무나 풀의 뻗어가는 기운에 가깝다. 봄은 목(木, 나무)의 에너지를 뜻한다.

그런데 출생 때 환경은 고정돼 있지 않다. 오행 차원의 환경은 늘 변하기 마련이고, 사주 주인공이 처한 환경도 그에 따라 쉼 없이 변한다.

10대에서 70대에 이르는 나이 아래에 써둔 계절이 바로 이 사람이 처한 오행 환경의 변화를 알려준다. 사주의 주인공이 처한 환경(월지)은 봄에서 시작해 여름-가을로 이어진다. 이 사람이 90대를 넘겨 100세까지 산다면 삶의 겨울도 맛볼 것이다.

그런데 한 가지 이상한 게 있다.

우리가 대운이라 말하는 건 바로 10년 단위로 변하는 삶의 환경이다. 그래서 10년 단위로 삶을 구분했는데, 정작 아래쪽에 표시된 계절(또는 환경)은 30년을 주기로 변하는 모양새다. 봄(10년, 사주 원국의 월지)-봄(10년)-봄(10년), 여름(10년), 여름(10년), 여름(10년), 가을(10년)-가을(10년) 식으로 이어지고 있다.

왜일까.

초봄(인, 寅), 봄(묘, 卯), 늦봄(진, 辰)

초여름(사, 巳), 여름(오, 午), 늦여름(미, 未)

초가을(신, 申), 가을(유, 酉), 늦가을(술, 戌)

초겨울(해, 亥), 겨울(자, 子), 늦겨울(축, 丑)

도식이 의미하는 게 뭔지 어렵지 않게 이해하시리라 믿는다. 각각의 계절은 세 시기로 나뉜다. 여름이 초여름, 한여름, 늦여름으로 나뉘듯이 다른 계절도 세 시기로 구분할 수 있다. 그렇게 사계절이 열두 달로 나뉘고, 열두 달은 십이지에 하나씩 배분된다. 아래의 사례로 따라 잡아 보자.

시	일	월	연
○	○	○	○
○	○	寅(인)	○

10대	20대	30대	40대	50대	60대	70대
봄 (묘, 卯)	봄 (진, 辰)	여름 (사, 巳)	여름 (오, 午)	여름 (미, 未)	가을 (신, 申)	가을 (유, 酉)

이게 원국을 기반으로 한 대운의 전개다. 인터넷에 흔한 만세력을 찾아 생일을 입력하고, 자신의 대운이 어떻게 표시되는지 살펴보라. 대운의 전개 원리가 눈에 보일 게다.

이해의 편의를 위해 월지(인) 위의 월간을 특정하지 않았지만, 대운을 이해하고 파악하는 데는 무리가 없을 줄로 안다.

추가 매뉴얼

그런데 현대 사주의 창시자들은 대운을 도입하자마자 바로 또 하나의 진입 장벽을 친다.

사주 주인공의 성별에 따라, 태어난 해의 홀짝에 따라 대운의 전개 방향이 달라지는 것으로 설정한다. 사계절 또는 열두 달의 모양을 취해 흐르는 대운이 순방향이냐, 역방향이냐의 문제다. 직전 사례는 봄에서 시작해 여름→가을로 가는 순방향 대운이다. 겨울에서 시작해 가을→여름으로 가는 역방향 대운도 있을 수 있다.

• **순방향**

10대	20대	30대	40대	50대	60대	70대
봄 (묘, 卯)	봄 (진, 辰)	여름 (사, 巳)	여름 (오, 午)	여름 (미, 未)	가을 (신, 申)	가을 (유, 酉)

• **역방향**

10대	20대	30대	40대	50대	60대	70대
겨울 (축, 丑)	겨울 (자, 子)	겨울 (해, 亥)	가을 (술, 戌)	가을 (유, 酉)	가을 (신, 申)	여름 (미, 未)

사주의 원국은 같다. 대운은 정반대로 흐른다. 어떤 기준일까.

짝수 연도에 태어난 남성과 홀수 연도에 태어난 여성은 60갑자를 원래 순서대로 돌리고(순행), 홀수 연도 남성과 짝수 연도 여성은 역순으로 돌린다(역행).

역방향을 보면 계절이 겨울→가을→여름(→봄)의 순서로 흐른다. 십이지도 '인묘진사오미신유술해자축'과 정반대로 흐른다는 사실을 확인할 수 있다.

전산화된 만세력이 온라인에서 일반화되기 전엔, 이런 기준들을 적용하며 대운의 흐름을 직접 뽑아야 했다. 하지만 요즘엔 온라인 만세력이 기계적으로 대운을 뽑아주니 신경 쓸 필요 없다. 원리만 알고 있으면 족하다.

고정불변의 사주는 없다

대운이 도입되면서 사주엔 비로소 생기가 돈다. 사주 원국이 정해주는 대로 고정될 뻔했던 우리 삶에 변화가 들어온다.

누구에게나 본바탕이 있고, 주어진 자질이 있다(원국). 그러나 그 자질이 아무 때나 빛을 발하는 것은 아니다. 삶의 환경이 끊임없이 변하기 때문이다(대운). 내게 주어진 것과 끊임없이 변하는 내 주변 환경이 맞아떨어져야 한다. 큰 노력 없이도 내 능력이 평가받을 때도 있지만, 아무리 노력해도 성과가 나지 않는 시절도 있다. 한 사람의 삶은 그렇게 사주 원국과 대운의 갈등, 조화 속에서 전개된다. 능력만 믿을 수도,

환경 탓만 할 수도 없다.

대운은 삶에서 '10년'이란 기간이 차지하는 중요성을 알려준다.

삶은 끊임없이 변한다. 인생무상이다. 영원한 건 없다. 그런데 마구잡이식으로 변할까. 무언가 주기 같은 게 있지 않을까. 종잡을 수 '있는' 변화여야 무슨 대비라도 하면서 살지 않겠나. 명리연구가들은 대운의 주기로 10년을 설정했다.

"10년이면 강산도 변한다."

"한 분야에서 10년은 일 해야 뭘 좀 알지!"

대운의 변화 단위도 10년이다. 사주 체계는 한 사람의 대운이 10년 단위로 바뀐다고 본다. 사주는 오행 원리로부터의 철저한 연역(演繹)이라 했지만, 대운의 주기는 연역으론 설명되지 않는다. 삶에 관한 오랜 관찰에서 나온 경험적 통찰로 봐야 할 것 같다.

대운은 변화의 다른 이름이다.

모든 인생은 사계절을 갖는다. 태어난 달은 기본적으로 봄·여름·가을·겨울 어디에든 속한다. 대운이 태어난 달을 기준으로 운행한다는 것은 계절의 순서를 따른다는(또는 역행) 얘기다. 우리는 살면서 추운 겨울과 따뜻한 여름을 모두 겪는다. 자연의 사계절과 닮은 삶의 사계절이 있다.

그리고 더 중요한 사실이 있다.

대운의 존재는 사주 자체가 변한다는 것을 암시한다. 대운은 사실,

사주 원국의 네 기둥(四柱) 가운데 한 기둥인 월주가 10년 단위로 변한다는 얘기와 다르지 않다. 대운의 간지를 사주 원국의 월주 자리에 순서대로 앉혀 놓는다고 생각하면 된다.

대운의 존재는 사주 원국의 존재를 부정한다.

대운으로 인해 고정불변의 사주 따위는 사라진다.

모든 사주는 10년 단위로 변한다.

좋은 대운은 없다

대운은 언제부터인가 일상의 용어로도 자리 잡았다. 사람들의 대화에서 대운이란 용어는 심심찮게 등장한다.

"나, 내년 되면 대운이 좋아진대."

"요즘 일이 잘 풀리네. 대운이 들어왔나 봐."

그런데 대운이라는 용어의 활용과 관련해 조금 바로잡을 게 있다. 대운은 '좋다, 나쁘다' 말할 수 있는 그런 성질이 아니다.

대운은 요약하자면, '좋은 운'이 아니라 '큰 주기로 바뀌는 삶의 환경'을 말한다. 악운(惡運)의 반대 개념이 아니라, 소운(小運)의 반대 개념이다. 기간에 방점을 둔다. 가치중립적인 개념이다.

그렇다고 '소운'이라는 말을 쓰지는 않는다. 대신 1년에 한 번씩 바뀌는 운을 세운(世運)이나 연운(年運)으로 부른다.

1년 단위의 세운은 사주의 주인공이 누구인가와 관계없이 순환한다. 60갑자에 따라 일률적으로 돌아가는 해의 변화에 갈음하기 때문이다. 예컨대 2027년은 누구에게나 정미년(丁未年)이다. 천간(정)과 지지(미) 모두에 여름 기운이 들어갔다. 개인들의 사주 원국과 무관하게 주어지는 운명적 환경이다.

대운은 다르다. 지속 주기도 10년으로 길지만, 연운과 달리 개인의 특성을 반영한다. 이미 얘기했지만, 한 사람이 태어난 계절을 기준으로 전개되는 게 대운이다. 겨울에 태어난 사람은 봄→여름→가을 또는 가을→여름→봄의 순서로 도는 삶의 대운을 갖는다.

열아홉째 날 ─────────────

당신은 지금 어느 계절에?

대운은 문제적 개념이다.

대운이 없었다면 사주 체계는 철지난 꽃처럼 시들 운명이었다. 무상한 세월을 버텨내지 못했을 것이다. 그게 무엇이든 살아남으려면 머물지 않고 변해야 한다. 대운이 사주의 변화를 가능하게 만들었다. 대운 없이 원국으로만 이뤄진 사주 체계는 오래 갈 수 없다.

대운이 사주 체계, 나아가 사주로 요약되는 우리 삶에 던지는 메시지들을 좀 더 살펴볼 필요가 있다.

우주의 가을

서점에서 우연히 독특한 카피를 만났다. 꽤 오랜 세월 동안 시내 대형서점의 진열대에 등장하던 카피다. 어찌 보면 황당한 내용이다.

우주의 가을이 온다

'우주의 가을'이 뭔지 궁금해 카피 아래 놓인 책을 집어 들었다. 펼쳐 보니 증산도의 교리를 설명하는 책이다.

증산도는 20세기 전반 일제강점기에 형성된 민족 종교 중 하나다. 증산도가 얘기하는 '우주의 가을'은 동학에서 말하는 후천개벽(後天開闢)과 비슷하다. 우주도 지구의 1년처럼 일정한 변화 주기를 가지고 변하는데, 선천(先天)에 해당하는 우주의 봄과 여름이 지나고, 이제 후천(後天)을 알리는 우주의 가을이 임박했다는 논리다.

특정 종교의 교리에 대해 비전문가로서 설명하다간 자칫 오해를 부를 수도 있으니 말을 아낄 생각이다. 다만 봄, 여름, 가을, 겨울 사계절 개념이 지금보다 훨씬 광범하게 유통되었다는 정도는 말해도 좋을 것 같다. 서양의 근대가 이식되기 이전 동아시아 사람들에게 계절은 중요한 사고의 틀 중 하나였다.

우리가 살면서 수십 번을 겪는 계절이란 건 이 세상 무엇보다 풍성한 의미를 담고 있다. 봄에 움트는 새싹과 생명 같은 비, 여름의 녹음과 흐드러진 꽃들, 가을의 난데없는 소나기와 순정한 바람, 겨울의 첫눈과 혹한까지 계절은 때로 삶의 모든 것이기도 하다.

동양적 사유는 이렇게 다양한 풍경과 의미로 가득한 봄, 여름, 가을, 겨울을 추상적인 기호로 놔두지 않았다. 봄, 여름, 가을, 겨울 각 계절의 내부에서 벌어지고 있는 치열한 생명의 현상을 자연의 '실체'로 받아들였다.

그렇게 풍성하고 다채로운 봄, 여름, 가을, 겨울에 우리 삶을 투영하는 게 대운이다. 대운의 개념을 통해, 사주는 건조한 공식을 넘어 서정(敍情)을 얻는다.

당신은 인생의 어느 계절을 지나는 중인가. 지금 당신의 대운은 어떤가. 혹시 모든 게 시들어 버리는 가을을 지나고 있는가. 땅 위의 것이라면 죄다 얼리는 겨울을 지나는 중인가.

겨울이라고 떨고만 있을 필요는 없다. 겨울의 존재 자체가 운명의 봄을 알려준다. 인생의 계절이 지금 전성기를 맞고 있다고 해도 방심해선 안 된다. 머지않아 시련의 계절이 올 것이고, 그게 운명이다.

살면서 방심에도 실망에도 매몰되지 말라는 게 대운이 우리에게 알려주는 운명의 비밀이다.

삶의 하강 국면

대운의 존재 덕에 우리는 삶의 색채가 시시각각 달라진다는 걸 알게 됐다. 적어도 인정할 수 있게 됐다. 흐린 날도 있고, 밝은 날도 있다. 대운은 우리 삶의 색채 변화를 사계절의 변화로 환원해 생각한다.

대운은 결국 어떤 인생이든 상승하고 하강하는 국면을 가지고 있다는 이야기를 오행으로 정식화한 것과 다르지 않다. 누구의 삶이든 처음부터 끝까지 직선으로 펼쳐지는 경우는 없다는 게 사주가 알려주는 삶의 본질이다.

굴곡이 있는 인생이 정상이요, 굴곡 없는 인생이 비정상이다. 그런데 사람들은 굴곡 없이 평탄한 직선, 그래프의 상승하는 국면만 정상으로 인식한다. 하강의 국면은 비정상적인 것으로 생각한다. 그러다 보니 삶이 힘들어진다.

하강의 국면 역시 인생 굴곡의, 사계절의, 그래서 대운 변화의 한 국면이라는 사실을 인정하는 순간, 우리 삶은 지난 여름의 녹음처럼 지난 가을의 단풍처럼 풍성해진다.

삶의 하강 국면을 사람들은 '역경'이라고 부른다. 역경이 찾아올 때, 그에 대한 사람들의 반응은 세 가지다.

하나, 역경으로부터 도망가려는 사람이 있다.

둘, 대안 없이 적당히 안주하려는 사람이 있다. 상황에 묻어가는 경우다.

셋, 능력과 지혜를 동원해 그 난관을 해결하려는 사람도 있다.

누구든 세 번째 부류에 속해 인생에서 성공하길 바란다. 그러나 쉽지 않다. 역경에 처해 '나는 다른 사람과 달라!' 결의를 다지며 회생을 꿈꾸지만 좌절하는 경우가 많다. 마음을 아무리 굳게 다잡아도 흔들린다.

그런데 사실은 흔들릴 수밖에 없다. 사람의 의지라는 게 그리 대단하지 않기 때문이다. 마음을 다잡을 게 아니라, 차라리 마음을 비우는 건 어떨까. 그래야 문제가 풀리는 건 아닐까.

사고의 전제부터 바꾸어야 한다. 역경은 대처해서 싸우고 이겨야 하는 그런 대상이 아니다. 역경은 주기적으로 찾아온다. 삶의 계절은 주기적으로 변한다. 하강과 상승은 일상다반사다. 지나친 하강과 상승의 국면에서는 그저 몸을 움츠리고 자세를 낮추면 된다.

대운이 불리하게 전개되는 시기엔 섣부르게 행동에 나서지 말라는 얘기도 되겠다. 사주 운명 상 안 그래도 재물 운이 안 좋고, 대운마저 안 좋은 운을 부추기는 방향으로 가는데, "삶이 왜 이 모양이야!" 정색하고 화를 내봐야 소용없다.

차라리 인생의 일시적인 하강 국면을 겸허하게 인정하고 운명을 감내하는 마음으로 묵묵히 견디다 보면, 다시 대운의 변화가 찾아오기 마련이다. 상황에 안주하는 것과는 다르다.

낙관도 비관도 하지 않은 채 미래를 기다리는 것이다. 상황은 지나치다 싶은 바로 그때, 방향을 틀고 모습을 변화시킨다. 살면서 부딪치는 크고 작은 역경들은 위에서 아래로, 아래에서 위로 끊임없이 순환하는 인생의 각 부분에 불과하다는 것을 인정하는 순간 우리의 삶은 여유를 찾는다.

남녀의 차이

대운은 남성과 여성에게 달리 적용된단 얘기를 잠깐 했다. 좀 더 살펴보자. 사주가 같아도 남녀의 운명은 다르다. 정반대의 삶이 펼쳐지기도 한다.

명리연구가들이 좋아하는 고전적 사례가 있다.

조선시대를 살았던 한 남성과 여성의 이야기다. 한 사람은 왕이고 한 사람은 기생이었다. 한 사람은 팔십 인생을 살며 그중 52년을 옥좌에서 보냈다. 한 사람은 열아홉 나이에 원수를 품고 강에 투신했다.

사주가 같다고는 하나, 두 사람이 한날한시에 태어난 건 아니다. 왕과 기생은 120년의 시차를 두고 태어났다. 영조와 논개의 이야기다. 이 둘의 사주가 똑같이 갑술년, 갑술월, 갑술일, 갑술시란 얘기가 전설처럼 전해지기도 한다.

사주는 60갑자를 단위로 돈다. 120년의 시차는 같은 사주를 가진 사람을 만들어 낸다. 사주가 같은 두 사람이 왜 정반대의 삶을 살았을까. 이때 명리연구가들이 꺼내드는 카드가 대운이다.

같은 날 태어난 남자와 여자의 대운은 반대 방향으로 흐른다. 양(陽)인 남성과 음(陰)인 여성의 차이다.

두 사람 모두 낙엽 지던 가을에 태어났다.

영조의 경우 대운은 겨울(수) → 봄(목) → 여름(화)의 순서로 흐른다. 여성인 논개의 대운은 여름(화) → 봄(목) → 겨울(수)의 순서로 흘러야 했다. 하지만 봄에서 멈추었다.

사주가 같아 두 사람의 타고난 오행 분포가 똑같아도(원국), 환경으로 그를 감싸는 오행이 다를 때(대운), 그들의 삶은 각자의 길을 간다. 타고난 사주와 대운이 교감하며 전개되는 것이 삶이다.

운명에 대한 암시

그런데 같은 사주를 받고 태어난 두 사람이 동성(同性)이라면 문제가 복잡해진다. 두 사람의 대운까지 똑같을 것이기 때문이다.

이들 삶의 행로는 같을까.

우리는 연월일시로 만들어 낼 수 있는 사주의 조합이 모두 몇 개인지 계산해 봤다. 모두 51만 8,400개였다. 우리나라의 인구는 5,000만 명을 조금 넘긴다. 단순 계산으로도 사주가 같은 사람이 100명(5,000만/50만)은 나온다. 남성, 여성을 구분해도 특정 시점에서 50명의 사주가 같다. 사주의 원국, 대운이 똑같은 사람이 남녀 각 50명씩 존재한다.

지구적 차원으로 시야를 넓혀볼까. 세계 인구는 80억 명이다. 같은 사주를 가진 사람은 1만 6,000명(80억/50만)이다. 남성과 여성이 각각 40억 명이라 가정하면, 동성으로서 사주가 같은 사람은 8,000명이다. 사주, 대운 모두 같은 사람이 8,000명이란 얘기다.

다시 한번 묻자. 이들의 삶은 같아야 할까.

그럴 리 없다. 그들 모두 천차만별의 삶을 살아가고 있다. 명확한 진실 앞에서 우리는 몇 걸음 물러설 수밖에 없다. 사주, 대운이 같다고 똑같은 삶을 살지는 않는다.

사주의 내러티브는 운명 자체라기보다 운명에 대한 암시다.

사주가 사회의 구성원과 이 사회 전체의 운명을 기계적으로 결정한다면, 지구는 사람 사는 곳이 아니라 로봇을 모아 놓은 연구실이나 실험실에 지나지 않을 것이다. 운명은 지시하지 않고, 암시한다. 암시할 수 있을 뿐이다.

하지만 운명에 대한 암시와 그에 대한 당사자의 피드백이 엮어내는 드라마가 삶이라 할 때, 그 운명적 암시를 체계화한 사주를 우습게 볼 일은 아니다. 더욱이 그 '암시의 체계'는 천 년 이상, 당대의 천재들에 의해 단련되고 고도화된 것들이다.

스무째 날 ─────────────

나의 전투, 너의 전투

사주(四柱) 원국(原局)을 통해 삶의 대략적인 윤곽을 파악한다. 대운을 통해 삶이 어떻게 변하며 흘러갈지 관조한다…….

원국과 대운은 삶을 바라보는 두 가지 방식이다. 두 가지 방식은 별개가 아니다. 맞물려 돌아간다. 사실은 한몸이다. 사주 원국의 월주(月柱)를 떼어내 순방향 또는 역방향으로 돌리는 게 대운이기 때문이다. 그래서 대운의 존재는 사주 자체의 변화를 뜻하기도 한다고 얘기했다. 우리의 삶과 환경은 봄, 여름, 가을, 겨울의 순서로, 때론 겨울, 가을, 여름, 봄의 순서로 끊임없이 순환한다.

지금까지 우리가 나눈 얘기들이다.

이제 대운에 관한 설명을 마무리하면서 사주와 삶의 관계에 관해서도 중간 정리를 하는 게 좋겠다. 사주의 맥락에서 삶은 원국과 대운이 서로 밀치고 당기며 만들어 내는 한바탕 꿈과도 같은 공간이다. 변화의 드라마다.

원국만 해도 수십만 개인데, 대운은 시간의 힘을 빌려 원국을 끊임없이 변화시킨다. 원국-대운의 조합은 너무나 변화무쌍해 종잡을 수 없다. 그렇게 종잡을 수 없는 변화의 모습을 몇 개의 공식들로 붙잡아 고정하려는 게 사주의 일이다.

변화무쌍한 삶의 양상을 붙잡기 위해 안간힘을 써온 사주는 우리들의 고단한 삶에 어떤 메시지를 던질까.

슬픈 일이지만 "다양성을 존중하라"는 말은 교과서에만 남았다. 어디를 둘러봐도 한두 가지 기준에 의한 서열화가 우리가 사는 세상의 대세다. 희로애락의 인생사도 획일화와 서열화로부터 자유롭지 않다.

그런 줄 세우기 속에서 많은 사람이 괴롭다.

낮은 연봉에 열등감을 느끼고, 늦은 승진에 좌절한다. 오르지 않는 집값에, 값비싼 이자에 가슴이 탄다. 그런 와중에 사주는 "내 운명을 남과 비교하지 말라"고 주문한다. 고집 센 자본주의의 현실에 그런 주문이 먹힐까. 전방위적으로 서열을 강요하는 자본주의의 관성에 맞서, 명리는 '비교 불가(不可)'의 주문을 고집스럽게 외친다.

쇠도끼와 돌도끼

어느 인류학자가 이런 말을 남겼다.

쇠도끼가 돌도끼보다 나을 건 없다, 쇠도끼와 돌도끼는 그저 다를 뿐이다

문명사의 맥락에서 지극히 반(反)상식적인 발상이다. 돌도끼는 석기시대의 도구이고, 쇠도끼는 청동기 또는 철기시대의 도구다. 엄연한 시대의 흐름, 문명의 발전을 무시하는 말이다.

뗀석기이든 간석기이든 돌도끼를 대체한 쇠도끼에 우월한 지위를 주는 것이 당연한 일 아닌가. 그런데 인류학자는 쇠도끼가 돌도끼보다 나을 게 없다는 '도발적' 발언을 던졌다.

쇠도끼와 돌도끼는 다를 뿐이다…….

젊은 시절 책에서 읽었던 문장 하나를 잊지 않는 건, 그 안에 담긴 페이소스 때문이다. 연민이랄까, 비애랄까, 애틋함이랄까. 쇠도끼와 돌도끼 얘기는 사람 사는 일에 관해 많은 생각을 하게 만든다.

세상엔 여러 부류의 사람이 있다.

정치적 권력의 정점에 국회의원, 검사, 판사가 있다. 경제적 권력의 정점엔 재벌, 대기업의 임원들이 있다. 반대로 권력에서, 경제력에서 소외된 사람들이 있다. 한평생 돈도 명예도 모른 채 은거하는 삶도 있다.

이름을 앞세우고 사는 연예인, 스포츠 스타도 있고, 오지에서 봉사

로 일관하는 사람도 있다. 세상에 대한 분을 참지 못해 욕만 퍼붓다가는 사람도 있을 것이고, 세상에 무관심한 채 자신의 성실만을 믿으면서 사는 사람도 있다.

세상엔 그렇게 쇠도끼, 돌도끼가 있고, 금도끼, 은도끼도 있다. 진흙을 구워 만든 도끼도 있고, 최첨단의 합금으로 만든 도끼도 있다.

수많은 도끼들을 앞에 두고, 젊은 시절에 책으로 만난 인류학자처럼 쇠도끼, 돌도끼, 금도끼, 은도끼 사이에 아무런 우열이 없다고 말할 수 있으면 좋으련만 현실은 그렇지 않다. 그저 다른 도끼일 뿐 다들 제각각의 거처에서 쓸모 있는 도끼들이라고 말하고 싶지만, 그게 참 어렵다.

누구도 드러내 놓고 말하지는 않지만, 금-은-쇠-돌도끼의 서열은 너무나 명확하다. 비교는 실시간으로 이뤄지고, 낮은 서열의 사람들은 높은 곳을 쳐다보며 좌절한다. 실의에 잠긴다. 사회가 변했다고 하는데, 다양성의 사회라고 하는데 왜 비교의 기준은 언제나 하나일까.

재·관 일변도의 사회

시대마다 사람들이 선호하는 운(運)이 따로 있다.

우리가 살아가는 현대는 어떤 운이 추앙받는 시대일까. 돈을 숭상하는 자본주의의 시대이니 재운의 사회로 보면 될까. 그렇게 간단하진 않다.

재생관(財生官)이란 말을 한다. 재운이 관운을 생(生)한다는 뜻이다. 돈이 있으면 권력도 붙는다. 재와 관, 그러니까 자본과 정치(또는 국가)는 거의 화학적인 결합 관계를 형성하며 사회를 끌어 나간다.

사주의 관점에서 표현하면 우리 사회는 재운과 관운 좋은 사람들이 이끌어 가는 사회다. 그리고 사람들이 받는 온갖 스트레스도 따지고 보면, 재운과 관운 가진 사람들이 우리 사회의 자원을 독점하기 때문이라 할 수 있다.

명리연구가들도 누군가의 사주를 보며 재운과 관운을 제대로 파악하는 데 집중하기 마련이다. 좀 더 냉정하게 말하면 오행과 음양의 수많은 요소가 얽혀 복잡한 사주에서 유독 재운과 관운을 포착하는 방법을 주로 연구해 온 것이다. 돈과 권력 중심으로 만들어진 운명론들이 만들어져 왔다.

그러다 보니 바로 지금, 돈도 권력도 없는 사람들은 자신들의 운명에 대해 별 애정이나 관심 같은 게 없다. 그냥 그러려니 하며 살든지 절망하든지 한다. 돈 있고 권력 있는 사람들의 일상은 딴 세상이다.

그러나 왜곡되지 않은 사주 체계는 "운명을 그런 식으로 비교하지 말라"는 메시지를 전한다. 사람 사는 게 '재'와 '관'만으로 설명될 만큼 간단하지 않기 때문이다.

사회의 분위기를 좇아 재운과 관운에 몰입하게 되면, 돈과 권력을 기준 삼아 운명을 비교하게 되고 스트레스만 받는다. 몇 번을 강조해도 지나치지 않을 이야기지만 운에는 재운과 관운만 있는 게 아니다. 그리고 재운과 관운 아닌, 자신에게 하늘이 내려준 운을 뚝심 있게 밀고 나가 한 경지를 이루는 사람들이 사실은, 주위에 많다. 그런 사람들을 두고 입지전(立志傳)을 얘기한다.

그런데 이런 분들의 공통점이 있다. 다른 사람들 일에 신경 쓰지 않는다. 자신의 운명과 남의 운명을 비교하지 않는다.

남의 운명과 내 운명을 비교한다는 것은, 명리 용어로 말하면 다른 사람의 재운이나 관운을 부러워한다는 말이다. 하지만 입지전의 주인공들은 남의 운명을 훔쳐보지 않는다. 그냥 자기 갈 길을 간다. 나에게 재운이 없다면, 관운도 없다면, 나에게 있는 다른 운을 발견해 그것을 끝까지 밀고 나가면 된다.

돈 버는 사람들의 첫 번째 특징은 쉴 틈 없이 부지런하다는 것이다. 관료로 일하는 사람들의 특징은 자기통제에 능하다는 것이다. 이런 사람들은 주위에서 어지간히 흔들어대도 흔들리지 않는다.

하지만 그런 사람도 있고, 그렇지 못한 사람도 있다. 자기 일에 부지런하지 못한 대신 남의 일에 관심 많은 사람도 있을 것이고, 자기통제에 능란하지 못한 대신 한번 몰입하면 식음을 전폐하고 일에 매달리는 사람도 있을 것이다.

자신만의 성격이 있고, 그 성격으로부터 전개될 자신만의 운명이 있다는 사실을 믿지 않으면, 누구든 이 사회를 오랫동안 지배하고 있는 재와 관의 제국주의적 횡포에 휘둘리고 만다.

매몰 비용에 관한 단상

살면서 미치도록 힘들 때가 있다. 삶이 서서히 곤두박질치고 있다는 생각이 들 때가 있다. 이젠 수렁에서 헤어 나오지 못할 거란 절망감에 사로잡힐 때가 있다.

그럴 때 지금의 삶과 과거의 삶을 비교하게 된다. 한때 나와 비슷한 삶을 살던 사람들, 하지만 이제 넘볼 수 없는 그들의 삶을 생각할 때마다 좌절감을 곱씹게 된다.

인생에 닥쳐 온 전락(轉落)을 억울해하는 사람들과 얘기할 때 경제학의 매몰 비용 이야기를 들려준다.

누군가 1만 5,000원을 주고 영화표를 샀다고 하자. 이 영화가 볼 만한 영화인지 약간 의심스럽기는 했다. 그래도 1만 5,000원을 내고 극장에 들어갔다. 그러나 영화가 시작되고 10분이 채 안 돼서 '아, 이거 잘못 들어왔구나!' 생각하게 된다. 형편없는 영화다.

자, 이때 극장을 나와야 할까, 아니면 그래도 1만 5,000원이라는 비용이 아까워 계속 자리를 지켜야 할까? 이런 의사결정을 할 때, 극장에 낸 1만 5,000원을 무시하라는 게 경제학의 충고다. 이 사람이 극장에 남아 있거나 떠나거나 1만 5,000원은 사라졌다.

러닝타임 2시간의 영화라 치자. 남은 1시간 50분을 어떻게 쓸 것인가? 계속 황당한 영화를 보고 앉았을 것인가? 이미 지출은 일어났고, 어떤 선택을 하더라도 이를 되돌릴 수 없을 때, 합리적인 사람이라면 이전의 지출을 무시한다. 그때 그 지출을 '매몰 비용'이라고 부른다. 극장에 간 이 사람의 경우 당장 자리를 박차고 일어나는 게 적어도 경제학적으로는 똑똑한 일이다.

돌이킬 수 없는 손해라면 잊는 게 합리적이라는 말이다. 두고두고 거기에 매달리는 것은 바보짓이라는 게 현대 경제학의 충고인데, 우리는 대부분 두고두고 바보짓을 한다.

누구의 인생이든 등락을 거듭한다. 그게 권력이든, 명예든, 돈이든 내게 들어오는 대신 빠져나가는 시점일 때, 그것도 남김없이 털려 나가는 시점일 때 사람들은 그동안 쏟아 부은 노력을 생각하며 억울해 한다.

그러나 사람들이 힘들어하는 상황 중에 억울하지 않은 상황은 하나도 없다. 고통과 불행의 가장 큰 이유는 억울함이기 때문이다. 내가 받아야 할 벌을 받고, 당연히 나의 몫인 고난을 받았다고 힘들어할 사람 별로 없다.

시련의 시점에서는 누구나 다 억울하다.

억울하니까 힘든 거다.

그러나 그 억울함은 버려야 한다. 직전, 상승일로였던 한때의 내 운명, 지금 잘나가는 다른 사람들의 운명을 곁눈질하는 것은 어리석은 짓이다. 돌이킬 수 없는 비용은 바로 지금 땅 깊이 묻어야(매몰) 한다. 그래야 운명이 바뀔 가능성이 생겨난다.

너는 너의 전투를, 나는 나의 전투를

"너는 너의 전투를 하라, 나는 나의 전투를 할 것이다."

공산혁명으로 현대 중국을 만든 마오쩌둥의 말이다. 마오가 대장정(大長征)의 기간 중, 그리고 그 후로도 항상 마음속에 간직했던 화두다. 뉴욕타임스에서 러시아·중국 전문가로 통했던 기자 해리슨 솔즈베리의 책《새로운 황제들》에 등장하는 말이다.

마오는 도저히 상대가 되지 않는 규모의 장제스 군에게 이리저리 쫓겨 다녔다. 그러다가 문득 기상천외한 방법으로 역공을 시도했다. 마오에겐 마오만의 전투 방법이 있었다. 대장정은 승리 아닌 패배와 도망의 연속이었지만, 마오는 끝내 살아남았다. 살아남는 게 그의 전투였고, 그는 자신의 전투에서 승리했다.

너는 너의 전투를, 나는 나의 전투를……. 그는 자신의 부족한 운명을 탓하지 않았다. 운명의 흐름에 자신을 맡긴 채, 할 수 있는 일을 해나갔다.

끊임없이 얻어터지면서도, 한 방 두 방, 짧은 단타를 내밀 뿐이면서도, 이리저리 도망 다닐 뿐이면서도 마오는 포기하지 않았다. 자기 운명의 행로에 대해 조금도 의심하지 않았다.

'너의 전투'에 대해 신경 쓸 필요가 없다고 사주 체계 역시 귀띔한다. 세상 사람들이 저마다의 운명을 가지고 살아가는 모습을 너무도 오랫동안 봐 왔기 때문이다. 드넓은 운명의 스펙트럼에서 진리는 항상 '나는 나, 너는 너'라는 결기이다.

시선이 자꾸만 남이나 과거로 향할 때 대장정을 끝내 승리로 이끈 마오의 화두를 곱씹어 볼 만하다.

너는 너의 전투를 하라, 나는 나의 전투를 할 것이다!

쇠도끼는 쇠도끼이고, 돌도끼는 돌도끼이다.

쇠도끼는 쇠도끼의 시대를, 돌도끼는 돌도끼의 시대를 열심히 살아갈 뿐이다.

5부

위로

스물한째 날

사주, 믿어도 될까?

언젠가 지하철 연착으로 시간이 남아 플랫폼 앞에 세워진 디지털 광고판을 찬찬히 들여다봤다. 보고 있으니 역 주변 지도 말고도 색다른 정보가 많다. 인터넷 뉴스의 검색 순위도 있고, 간략한 영화 정보도 떠 있다. 뉴스와 영화 내용을 살펴보다가 모니터의 항목 하나를 누르니 '별자리에 따른 성격'이 나타난다.

지하철 플랫폼의 성격 분석

태어난 달(月)의 목록에서 2월을 누르자 '물병자리의 성격'이란 제목과 함께 메시지가 몇 줄 떴다.

당신은 원래 나서는 것을 그다지 좋아하지 않습니다. 그러나 결정적인 순간에 중재자가 필요할 때는 꼭 나서야 한다는 사명감을 지닌 사람입니다. 또 스스로 믿고 있는 이상이나 목적을 위해서라면 다소의 불편함이나 희생도 감수할 수 있는 성격입니다.

그럴싸하다고 생각했다. 아니, 속으론 '어쩜 내 성격을 이렇게 정확히 맞출까?' 놀라기도 했다. 그러다 정신을 차리고, 피식 웃었다.

언제든, 어디서든 앞에 나가서 자신의 존재를 증명해야 직성이 풀리는 몇몇을 빼면 '원래' 나서는 것을 좋아할 사람이 얼마나 될까. 개인적으로 중요한 일에 맞닥뜨렸을 때, 그게 아주 작은 일이라도 일종의 사명감 같은 것을 느끼지 않는 사람이 있을까. 자신의 꿈을 실현하는 과정에서 '다소의 불편함과 희생'을 마다할 사람이 과연 있을까?

세상엔 예언과 예측이 넘쳐난다. 그런데 언뜻 신기해 보이는 조언들은 누구에게나 적용할 수 있는 일반적 얘기일 때가 많다. 그걸 지극히 개인적이고 은밀한 사연인 양 속삭일 뿐이다.

사실, 은밀한 예언보다 더 놀라운 건 그 예언에 눈을 동그랗게 뜨고 순진하게 반응하는 사람들일지 모른다. 특정 개인을 위한 맞춤 정보로 위장하고 있지만, 일반론적인 메시지들이 곳곳에 깔려 있다. 그걸 보며 '정말 내 얘기네'라고 속으로 감탄하는 사람이 늘 있다.

이쯤에서 미국의 심리학자 버트램 포러(Bertram Forer, 1914~2000)를 떠올릴 수밖에 없다. 포러 교수의 제자들이 모여 있던 70년 전 한 대학 연구실에서 재미난 일이 있었다. 오래전 《사주 이야기》란 제목의 문고본 책을 낸 적이 있는데, 그때 처음 소개했던 사연이다. 한참 전 먼 나라에서 이뤄진 심리학 실험이지만 사주에 관해 얘기하면서 빼놓을 수 없는 에피소드이다.

당시의 실험실 풍경을 되살려 본다.

포러의 심리 실험

강의실에 앉은 브라이언은 설문지 하나를 받았다. 성격 분석을 위한 질문이 담긴 설문이다. 브라이언의 친구들도 같은 설문지를 받았다. 브라이언과 친구들은 빼곡하게 채워진 질문에 진지하게 답을 채워가기 시작했다. 완성된 설문지를 조교에게 제출했고, 얼마 지나지 않아 자신의 성격이 분석된 결과지를 받았다.

"이렇게 금방?" 브라이언은 놀라며 결과지에 적힌 자신의 성격을 읽기 시작했다. 놀랄 수밖에 없었다. 마음속을 들여다본 듯했다. 결과지의 분석 텍스트는 마음 깊은 곳의 욕망까지 드러내 보여주는 것 같았다.

성격 분석 밑에 분석의 정확도를 1(poor)~5점(excellent)으로 나눠 평가하라는 항목이 있었다. 브라이언은 망설이다가 4점(good)에 표시를 했다. 그날 브라이언을 놀라게 한 성격 분석 결과지가 지금도 남아 있다. 브라이언이란 학생은 과연 어떤 성격의 소유자일까.

> 당신은 남들이 보기에는 절제와 자기 통제에 능하지만, 사실 속으로는 걱정도 많고 불안도 많다. 당신은 자신의 독창적인 사고에 자부심을 지니고 있으면서도 다른 사람들이 조금 별난 방식으로 얘기하는 것은 싫어한다. 당신은 활달하고 붙임성 있고 사교적이지만, 때론 내성적이고 조심스럽고 침묵을 즐긴다. 당신은 삶이 안정적이길 원한다.

그날 브라이언과 함께 설문에 참여한 다른 친구들도 성격 분석 결과지를 받고 브라이언만큼 놀랐다. 놀란 이유는 브라이언과 다르지 않았다. 어떻게 질문 몇 개로 내 성격을 이리 정확히 파악했을까?

포러의 조교들이 이날 학생들이 제출한 평가점수를 모아 평균을 내어 보니 4.26점이었다.

대부분 굿(good) 아니면 엑설런트(excellent)의 점수를 줬다. 그런데 설문에 참여했던 학생들은 분석 방법에 대한 연구진의 설명을 듣고 더 많이 놀랐다. 연구진은 사실, 학생들이 제출한 설문지를 들여다보지도 않았다.

들여다볼 필요가 없었다. 연구진이 제공한 결과지는 한 종류였기 때문이다. 학생들이 받아 든 결과지는 다 똑같았다. 연구진은 실험을 위해 한 신문의 점성술 코너에 등장한 이야기들을 스크랩해 두었다. 그 이야기들 속에서 거의 무작위로 몇 개의 문장들을 뽑아내 이리저리 조합해 만든 게 학생들에게 나눠준 결과지였다.

모호하면서 일반적으로

포러의 증명(Forer's demonstration)으로 불리는 심리 실험(1948년)의 현장이다. 현장의 풍경만을 재구성했을 뿐, 나머지는 모두 '실제 상황'이다. 구체적인 연구실 상황과 브라이언이란 이름은 창작이다. 대강 그런 분위기 아니었을까. 순진한 학생들은 경악하고, 그들을 바라보는 연구진은 슬며시 웃고 있고…….

포러 교수는 이 실험을 통해 점성술, 바이오리듬, 에니어그램 등 다양한 운명 예측 기법들의 허구성을 드러냈다. 대단히 모호하고(vague) 지극히 일반적인(general) 설명을 자기 자신만의 사연으로 받아들이는 일반인들의 심리를 확인한 것이다.

이제 마음 한구석에 품고 있던 질문을 던질 차례다.

사주를 믿어도 될까?

스무날에 걸쳐 사주를 공부하는 동안, 우리는 사주에 모종의 진실이 깃들었을 거라 굳게 믿었다. 내가 태어난 날, 나에게 들이닥친 오행의 기운이 내 평생을 좌우할 거란 믿음이다. 긴가민가하다가도 누군가 전설적인 무속인, 역술인들의 이야기를 슬쩍 들려주면 사주에 대한 믿음이 되살아난다.

그런데 그 모든 얘기는 정말 사실일까.

우리는 사주를 믿어도 되는 걸까.

많은 사람이 길거리 후미진 곳에 숨은 점집을 일부러 찾아가 자신의 성격과 운명에 대한 해설을 듣는다. 5만 원, 10만 원을 낸 뒤 역술인의 이야기를 경청한다. 나지막한 목소리에 담긴 점사(占辭)에 때론 탄식하고 때론 감탄한다.

그런데 그의 해설은 정말 '내 얘기'였을까. 나에게만 적용되는 나만의 사연이었을까. 역술인의 운명 해설이 70년 전 미국의 심리학자가 간파한 것처럼, 모호하고 일반적인 그들의 이야기에 불과했던 건 아닐까.

조그마한 방에서 역술인이 들려주는 얘기들은 사실 전형적인 패턴을 지니고 있다. 고객은 방에 들어가 자기의 생년월일을 대고, 역술인은 그걸 8개의 글자로 바꾸어 종이에 적는다. 또는 만세력이 띄워진 PC의 모니터를 본다. 이후 이어지는 대화는 다양한 듯하지만, 사실은 별로 다양할 게 없다.

"지금 직장 계속 다니는 게 맞을까요?"

"당신하곤 잘 안 맞는 곳이다. 옮기는 게 맞다. 하지만 지금은 때가 아니다. 내년 여름 지나면 운이 트인다. 조금만 기다려라. 노력 안 해도 옮기게 된다."

직장이 집같이 편해서 다니는 사람이 얼마나 있나. '내년 여름'이 왔을 때, 지난여름 골방에서의 대화 내용을 기억하는 사람 별로 없다. 이직이 흔한 시절이기도 하다. 내년 여름이 아닌 다른 여름 또는 가을에 직장을 옮기게 되더라도 골방의 대화를 떠올리며 "아 맞다, 그 사람 참 용했네"라 생각할 뿐이다.

"자식들 걱정 때문에 오셨네."
"네, 그게……."
"큰애는 걱정 안 해도 되겠어요. 올해 원하는 대학 가겠네. 이공계인 거 같은데, 꼭 의대 고집할 필요도 없어요. 의대 안 가는 게 나중에 더 좋을 수도 있고."

"장사를 시작하려는데 돈이 좀 벌릴까요?"
"한동안 어려울 것 같은데……. 내년 초는 되어야 재운이 들어오는 걸로 돼 있어요. 내후년엔 재운이 너무 강해지니까, 돈 버는 데만 매달리지 말고 건강 챙겨야겠네."

점집의 문을 여는 모든 이들이 현관을 넘어서는 순간, 강렬한 자의식에 사로잡힌다. 호기심과 고민이 자의식 안에 함께 똬리를 튼다. 조그만 방에서 생년월일이 건네지는 순간, 가벼운 의식(儀式) 같은 게 시작된다고 보면 된다. 다른 공간에서라면 '모호하고 일반적'으로 들릴 얘기가 한 사람을 위한 신비한 조언으로 둔갑한다.

하지만 그 모든 이야기가 사실은 포러 박사가 신문 점성술 코너에서 뽑아내 학생들에게 일괄적으로 돌린 결과지 속 바로 그 텍스트는 아닐까.

몇 개월이든 몇 년이든 기다리다 보면 누구에게나 좋은 운 한 번쯤 찾아오는 건 당연하다. 직장 옮길 때 신중해 나쁠 것 없으니 두어 계절은 조용히 넘기라는 충고는 언제 들어도 마음을 편하게 해 준다. 돈을 벌기 위해 무리하다 보면 건강을 해치기 쉽다는 이야기도 대단히 감동적인 사연은 아니다.

천 년을 넘게 생명을 이어 온 사주의 담론이 사실은 '코에 걸면 코걸이, 귀에 걸면 귀걸이'일 가능성은 없을까.

통변의 비밀

사주엔 통변(通辯)이란 용어가 있다. 사주에만 고유한 단어는 아니다. 옛날엔 일상에서도 쓰이던 말이다. 일반적이고 사전적인 정의는 이렇다.

말이 통하지 않는 사람 사이에서 뜻이 통하도록 말을 옮겨 줌, 또는 그런 일을 하는 사람.

사주에선 통변의 의미가 훨씬 더 좁혀진다. 기억하실지 모르겠다. 팔자란 단어엔 두 가지 뜻이 있다고 했다. 건조한 기호로서의 팔자, 운명을 뜻하는 팔자, 그렇게 두 개의 팔자다. 사주에서 통변은 두 개의 팔자를 이어주는 역술인의 능력을 말한다.

통변에 탁월한 능력을 지닌 역술인들이 분명히 있다. 포러 교수의 '모호하고 일반적인' 얘기를 뛰어넘는 삶의 조언을 만들어 내고 인상적인 방식으로 들려줄 줄 아는 사람들이다. 모든 점사를 호사가들의 허황한 입담으로 폄하할 생각은 없다. 시대를 초월해 전해지는 무용담을 만들어 낸 역술인들이 분명 존재한다.

그들은 내가 어린 시절 겪었던 사고의 내용과 시기를 구체적으로 제시한다. 형제, 자매의 숫자를 짚어낸다. 내 직업을 맞추고, 이혼의 경험을 끄집어낸다.

개인적인 얘기를 뛰어넘어 한 나라의 정치, 경제, 사회적 운명을 겨냥하는 이들도 있다. 누군가는 일제 치하에서 해방을 예견했다 하고, 누군가는 대통령의 시해를, 누군가는 월드컵 4강을 예측했다고 한다. 금값 하락이나 증시 폭락 같은 전문적 영역의 이슈를 오로지 '사주적 전문성'만으로 예측하기도 한다.

이 모든 이야기들을 믿어야 할지에 관해선 판단을 멈추겠다. 세상엔 이해하기 어려운 일이 존재하는 게 사실이니까.

하지만 사주 공부의 측면에선 그보다 더 중요한 얘기가 있다. 아쉽게도 도사 수준의 고수들이 내놓는 고난도의 점사들은 사주 체계에서 직접 도출한 해설들로 보기 어렵다. 팔자(기호)를 팔자(운명)로 풀어내는 통변의 테크닉이 최고도에 오른다고 해서, 그런 해설들이 나오지는 않는다. 그런 해설들은 세상 경험 많은 역술인의 직관이나 통찰이 만들어 내는 신기(神技)에 속하는 것으로 봐야 옳다.

사람들을 놀라게 하는 통변의 능력은 사주가 아니라, 신점의 영역에 속한다. 사람들이 얘기하는 명리의 전설적 고수들은 기반은 사주에 두고 있으나 특유의 직관과 통찰로 사주를 초월한 인물들이다.

사람들을 놀라게 하는 통변의 기원에 관한 얘기는 이 정도로 마치자. 통변이 어디서 시작하는지, 그게 인간의 능력인지 신적인 능력인지 파고들다 보면 결국 '믿음'의 영역에 진입한다. 논리가 힘을 발휘할 수 없는 미궁에 빠지게 된다.

그보다 범위를 좁혀, 사주라는 미래 예측 체계의 실효성에 관해 좀 더 알아볼 생각이다.

다시 같은 질문이다.

사주를 과연 믿어도 될까.

사주는 통변의 진위를 논하기 이전에 기본적이고 치명적인 결함을 갖고 있다. 사주라는 미래 예측 체계는 바로 그 체계의 핵심에, 그 체계를 무효화할 결함을 하나 품고 있다.

스물두째 날 ─────────────

치명적 결함

사주의 내밀한 곳엔 뜻밖의 풍경이 기다리고 있다. 그 풍경을 보려면 현대 사주를 관통하는 기본 도식을 불러내야 한다. 기본인 동시에 가장 중요한 도식이다.

한 사람이 태어난 날의 천간(일간)과 태어난 달의 지지(월지), 그 둘의 관계를 분석하면 한 사람의 성격과 운명이 보인다……. 현대 사주는 그렇게 믿는다.

○ |일간| ○ | ○
○ | ○ |월지| ○

그런데 일간의 일(日)은 해, 월지의 월(月)은 달이다. 말 그대로 해와 달이다.

해와 달의 변증법

사주는 오행의 일이다. 한 사람이 태어난 시간을 목, 화, 토, 금, 수로 인수분해하는 게 시작이다. 그런데 사주는 진화 과정을 통해, 태어난 날과 태어난 달 사이의 관계를 체계의 핵심으로 격상시킨다. 태어난 날은 해의 움직임을, 태어난 달은 밤하늘 달의 움직임을 쉼 없이 감지하고 또 기록한다.

그때 사주는 해와 달의 일이 된다.

태양은 50억 년 전에 우주에 출현했다. 46억 년 전 태양계의 먼지들이 뭉쳐 지구를 만들어 냈다. 얼마 안 있어(그렇다고 해도 1억 년) 지구에 소행성 하나가 부딪힌다. 지구의 한 조각이 떨어져 나가고, 이후 밤하늘에 달이 떴다.

현생 인류는 30만 년 전쯤 지구에 모습을 드러냈다. 30만 년 전의 그들도 해와 달을 신기하게 쳐다봤겠지만, 해와 달의 움직임을 주목하며 분석한 건 1만 년 전 농경을 시작하면서다.

사주에는 그렇게 우리가 알 수 없는 긴 시간, 해와 달이 한데 엮여 있다. 일간과 월지를 표시한 간단한 도식엔 수십억 년 또는 수만 년의 시간과 광활한 우주가 녹아 있다.

동시에 사주의 치명적인 결함도 숨어 있다.

만약 사주 체계를 지탱하는 일간과 월지 중 하나가 흔들린다면 어떻게 될까. 사주를 뿌리에서부터 지탱하는 양대 축 가운데 하나가 태어난 날, 즉 일간의 오행인데, 일간의 실체가 부정된다면 사주 체계는 어떻게 될까.

그러니까 어떤 날의 오행이 목(木)일 이유도, 화(火)일 이유도, 아니면 토(土)나 금(金), 수(水)가 되어야 할 이유도 없다면 사주는 큰 어려움을 겪을 수밖에 없다.

갑자의 시작은 언제?

의뢰인의 생일과 생시를 받아 든 명리연구가는 만세력에서 그 사람의 일주(일간+일지)를 찾아낸다. 일주를 알 수 있는 다른 방도는 없다. 만세력을 믿고, 거기서 그날의 일주를 찾아낼 뿐이다.

한 사람의 일주는 정묘(丁卯)가 될 수도 있고, 갑술(甲戌)이 될 수도 있다. 경신(庚申), 갑오(甲午), 을미(乙未) 등 천간과 지지는 다양한 조합을 산출한다. 그리고 그 조합은 60개를 넘지 못한다. 우리는 천간과 지지의 가능한 조합을 60갑자라 부른다.

그런데 우리는 한 번쯤 물어야 한다.

만세력에 기록된 일주의 기준이 되는 '첫날'은 과연 언제일까? 매일매일 60갑자 순서대로 흘러가는 간지가 출발한 시작의 날은 언제일까. 그리고 시초가 되는 그 날을 누가 정했을까. 참으로 오랜 세월을 돌고 또 도는, 만세력의 기원이 되는 '갑자년'의 첫 번째 '갑자일'은 도대체 언제일까. 만세력의 거대한 권위를 받쳐줘야 할, 세상의 첫날은 언제인가 하는 질문이다.

기묘하게도 만세력의 시작이 되는 60갑자 순환의 첫날에 관해 얘기하는 사람은 없다. 사주를 업으로 삼는 모든 이들이 이 중요한 문제에 대해 그냥 어물쩍 넘어간다.

월지는 상황이 다르다. 태어난 달의 지지는 봄, 여름, 가을, 겨울에 따라 달라지는 계절의 기운을 담고 있다. 절기상 봄에 해당하는 2·3·4월(사주에선 인·묘·진)에 목의 기운이, 여름에 해당하는 5·6·7월(사·오·미)에 화의 기운이 배정된다. 시발점이 없어도 의미를 지닌다. 태어난 달과 오행의 결합은 자의적이지 않다.

일지는 품을 만한 자연의 흐름이 없다. 하루하루는 아무런 차이 없이 그냥 돈다. 월지처럼 계절의 기운을 품지 못한다. 시발점이 없다면, 일간을 표시하는 60갑자에도 아무런 의미가 없다. 태어난 날과 오행의 결합은 자의적이다.

누군가 오늘이 계사일(癸巳日)이고, 내일은 갑오일(甲午日), 모레는 을미일(乙未日)이라고 말해도 거기에 특별한 의미를 부여해야 할 이유는 없다. 기원이 되는 첫날, 갑자일(甲子日)의 위치를 알 수 없기 때문이다.

《춘추(春秋)》같은 고전에 나타난 중국 고대의 60갑자 기록을 기준으로 제시하기도 한다. 하지만 고전에 즐비한 간지들도 특정한 날이 왜 무오일(戊午日)인지, 정묘일(丁卯日)인지, 신미일(辛未日)인지 근거를 대지는 못한다. 시원(始原)의 불확실성은 여전하다.

60갑자로 표현된 일주가 돌기 시작한 첫날을 알 수 없다면 만세력은 의미를 잃는다. 사주 해설의 기초가 되는 여덟 개의 기호와 그 기호들의 데이터베이스인 만세력은 지극히 자의적인 구성물로 격하된다.

만세력을 보고 한 사람의 사주와 팔자를 뽑아내는 건 그 행동이 진지할수록 우스꽝스러운 일이 되고 만다. 현대의 사주 체계는 그 체계가 자신의 핵심 요소로 자랑해 온 '일간'에 의해 무너질 운명에 처한다.

개인의 운명, 집단의 운명

사주를 멀리서 조망하면 그 밖에도 몇 가지 허점이 드러난다. 그중 두어 가지 정도 짚고 넘어갈까 한다. 사주를 비난하려는 게 아니다. 사주의 한계를 알아야, 사주라는 체계가 천년 세월을 통해 쌓아온 처방과 사연의 진가를 음미할 수 있다.

그런 맥락에서 알아야 할 사주의 한계 중 하나가 '공간'에 대한 홀대다. 온라인에 즐비한 만세력을 열어 내 생일과 생시를 입력하다 보면 간혹 태어난 도시를 묻는 경우가 있다. 사주가 시간뿐 아니라 공간도 명리 분석의 한 요소로 활용하고 있는 것 아닌가?

아니다. 만세력이 연주, 월주, 일주, 시주를 뽑으면서 태어난 도시를 요구하는 건 시간 보정을 위해서다. 공간에 따른 시간 왜곡을 막기 위한 장치다. 공간을 사주 체계 안에 끌어들이는 게 아니다. 말하자면 공간마저 시간화하는 것이지, 공간을 운명 판단의 한 요소로 자리매김하는 게 아니다.

그런데 공간 홀대는 한 사람의 운명을 판단하는 데 있어 큰 흠결이다. 내가 북유럽의 선진국에 사느냐, 아프리카의 오지에 사느냐에 따라 운명의 질은 크게 달라질 수밖에 없다. 소득 수준이 높고 사회보장이 잘 된 나라에 살면 사주가 나빠도 어지간히 풍요로운 삶을 살 가능성이 커진다.

어떤 사람이 갓난아기 시절 부모를 따라 이민을 떠난다면, 태어나던 시점에서 오행이 배분해 준 그의 운명은 그대로일까. 공간의 문제는 사주 체계에 쉽지 않은 문제를 일으킨다.

개인의 운명은 일차적으로 그가 속한 집단의 운명을 따라간다. 하지만 사주는 기원에서부터 철저히 개인에 맞춰진 운명 판단 체계다. 집단의 운명에 관해선 소홀할 수밖에 없다.

연말이 되면 오행의 기운을 탐색해 이른바 국운(國運)을 판단하는 사람들이 있다. 개인화된 사주를 조금은 보충할 수 있는 장치라고 생각한다. 또 명리연구가에 따라선 한 사람의 운명을 판단할 때 그가 태어나고 자라는 과정에서 일어난 대형 사건, 사고를 추적해 활용하기도 한다.

그 역시 개인의 운명에 영향을 미치는 집단의 운명을 파악하고자 하는 시도다. 그러나 아쉽게도 이런 장치가 사주에서 공식화된 적은 없다.

스물셋째 날 ─────────

천 년의 지혜 그리고 위로

무기력한 피카소와 초조한 오드리 헵번에서 출발한 이야기가 집단의 운명에 관한 담론까지 왔다. 그동안 태어난 날을 중심에 둔 사주의 기본 원리로부터, 대운의 전개, 사랑의 원리, 역마·도화살의 부활, 6개월의 비밀까지 사주의 다양한 국면을 살펴봤다.

그 끝에서 우리는 사주의 치명적 결함과 공간 홀대를 만났다. 그건 어쩌면 사주의 불완전성에 관한 폭로로 볼 수도 있겠다. 운명 판단의 기본 요소인 일간의 불확실한 기원, 공간을 배제한 시간 중시, 집단 운명에 관한 소홀은 사주의 중대한 한계인 게 사실이다.

이 모든 사연과 흠결을 안고, 사주는 도대체 어디로 향하는 걸까. 날마다 삶의 고해(苦海)를 헤치고 나가는 사람들에게 사주는 과연 무엇일까. 아예 다른 시각에서 사주를 바라볼 필요가 있다.

불가지의 영역을 향해

문제는 사람의 운명을 사람이 파악할 수 없다는 것이다. 운명은 인간으로서 가늠하기 어려운 불가지(不可知)의 영역에 조용히 숨어 있다. 접근 불가의 영역에 도달하기 위해 사주는 걸음을 재촉하지만, 매번 지친 다리를 부여잡을 뿐이다. 운명은 자신에게 접근해 보려는 인간들의 노력을 매번 쓸모없는 시도로 만든다. 논리를 좌절시키고 개념을 무너뜨린다.

그러나 사주는 포기하지 않는다. 도달할 수 없는 영역에 도달하기 위해 천 년 넘게 부지런히 움직여 왔다. 운명의 비밀을 풀기 위해 수많은 사람을 탐색하고, 그들의 인생 속으로 파고들었다. 위로는 황제와 영웅, 호걸, 아래로는 저잣거리의 상인 그리고 도둑과 사기꾼까지 역술인들은 삶의 다양한 스펙트럼에 관한 정보를 모으고 또 모았다.

근현대에 들어서도 그 노력은 멈추지 않았다. 역사의 새로운 전개를 통해 나타난 인간 군상들에 대한 탐구가 이어졌다. 자본주의에 성공적으로 적응한 재벌가와 기업가들로부터 대중문화의 발전과 함께 떠오른 스타들까지 기존의 사주 체계가 접하지 못했던 인간형들에 대한 새 분석 틀이 만들어졌다.

서로 다른 시대의 수많은 삶을 다양한 유형으로 분류하고, 그 분류를 통해 운명을 설명하고자 했던 사주의 노력은 성공했을까. 미아리 고개에서 출발해 종교의 영역에 이르기까지, 사주와 함께한 긴 여정은 우리에게 어떤 답변이라도 주고 있는 걸까. 사주는 과연 운명을 푸는 비밀의 열쇠를 발견했을까.

위로

사주에서 말하는 '운명의 열쇠'가 진짜인지 가짜인지 우리는 확인할 수 없다. 운명은 여전히 불가지의 영역에 숨어 있고, 앞으로도 그럴 것이기 때문이다. 그러나 수많은 이들과의 만남과 대화 그리고 처방을 통해 사주 체계는 적어도 사람들의 운명을 환기(喚起)시킬 능력을 획득했다. 설명할 수 없는 누군가의 운명을 어슴푸레한 그림으로라도 보여줄 수 있게 된 것이다.

그러한 환기의 능력은 사주가 천 년 넘게 모아 온 삶의 드라마, 그 무궁무진한 이야기의 창고에서 비롯되었다. 사주 체계가 특유의 프레임 속에서 수집해 온 고금의 인생 스토리는 사람들의 희로애락까지 은밀하게 보존하고 있다. 황제로부터 필부(匹夫)에 이르는 많은 이들의 파란만장한 삶을, 동영상을 뛰어넘는 감정적 밀도로 간직하고 있다.

그 데이터베이스에 담긴 삶의 스토리들은 사주를 업으로 삼는 이들의 반복적인 해설을 통해 지금도 끊임없이 전파되고 있다. 미아리에서, 대학가 카페에서, 종로의 포장마차형 미니 점집에서, 강남의 세련된 점집에서, 지리산과 계룡산에서, 온라인 사주 사이트에서, 스마트폰 앱에서 수많은 삶의 드라마가 사주풀이의 명목으로 유통되고 있다.

점(占)은 그렇게 자기만의 방식으로 사람들과 소통한다. 운명과 관련된 다양한 메시지를 시시각각 이 세상에 주입하면서 삶을 풍요롭게 한다. 그 메시지들은 잦은 좌절과 실망, 포기로 허약해지기 쉬운 이 세상에 희망과 용기, 위로를 불어 넣는다. 그 메시지를 믿을 것인가 말 것인가는 사실, 그다음 문제다.

스물넷째 날 ─────────

합리적이어서 행복한가?

미아리고개 양쪽에 포진한 '○○도사' 류의 점집들, 후미진 골목들의 신점(神占) 명소, 젊은이들이 자주 가는 대학가의 사주카페, 길모퉁이에 예쁘장하게 자리 잡은 타로 부스들……. 점집이 아니어도 백화점이나 대학교 평생교육센터에 개설되는 사주 강의가 흔하다.

21세기와 어울리지 않는 공간을 사람들은 꾸준히 찾는다. 조금은 긴장된 모습으로 들어가 희미한 안도의 미소를 지으며 나온다. '아, 결국 그 정도의 일이었구나, 조금만 더 잘해 보자' 하는 표정으로…….

비합리의 공간
이런 공간들엔 공통점이 있다. 바깥에서라면 대단히 비합리적으로 보일 이야기들이 그 공간에서는 아주 진지하게 오간다는 것이다.

직장 옮기려거든 강남 쪽을 알아보는 게 좋아

2년만 참아, 크진 않지만 돈 좀 만질 수 있어

힘들어도 올 겨울만 넘기면 좋은 일 생길 거야

지금 만나는 남자 말고 다른 남자랑 결혼할 운명이야

일상의 대화와 확연히 다르다. 직장 동료, 친구들과 정색하고 나눌 수 있는 얘기들이 아니다. 웃자고 던질 수는 있어도, 진지한 의사결정의 재료로 활용할 수는 없는 얘기들이다. 그러나 '점의 공간'에만 들어서면 이런 이야기들이 '진리'처럼 오간다.

사주의 이야기들은 합리적이지 못하다. 그나마 요즘 오가는 대화들은 많이 순치(馴致)된 것이라고 봐야 한다. 지금 생각해 보면 말도 안 되는 점사들이 100~200년 전만 해도 일상 대화처럼 오갔다.

조선시대만 해도 한 해 농사의 풍작과 흉작을 점치는 게 대단히 중요했다. 입춘이면 민간에서는 풍년을 기대하며 보리를 뽑아 보는 관행이 있었다. 보리를 뽑아 뿌리가 풍성하면 풍작을 점쳤다. 지금은 세시풍속일 뿐인 윷놀이, 연날리기도 옛날에는 점치는 행위를 겸했다. 꿈의 내용으로부터 미래를 예측하는 해몽 역시 진지하게 이뤄졌다.

이런 비합리적이고 황당한 사연들을 늘어놓자면 끝도 없다. 어디

서나 만날 수 있는 나뭇가지, 꽃잎, 일상의 잡동사니들이 점치는 도구로 쓰였다는 기록들이 널려 있다. 하지만 합리라는 잣대를 들이대면 순식간에 우스운 이야기들이 된다. 사주, 주역, 타로, 신점 모두 다를 게 없다.

사주를 강하게 믿는 사람 중엔 "통계로 증명이 된다"면서, 아니면 "엄밀하게 과학의 범주에 속한다"면서 점의 합리성을 강조하는 사람들이 있다. 하지만 사주의 합리와 과학을 강조하는 것은 자충수에 지나지 않는다. 어떤 명분과 핑계를 갖다 붙여도 마찬가지다. 점을 친다는 것은 현대 사회에서 비합리적인 일일 뿐이다.

그런데 비합리적이라는 게 뭘까. 합리적이지 못하다는 것이고, 근대의 역사를 염두에 두고 말하면 서구적이지 않단 것이다.

동양적인 것의 슬픔

지금은 절판돼 볼 수 없지만, 중국 문학을 전공한 정재서 교수가 쓴 《동양적인 것의 슬픔》이란 책을 좋아했다. 제목부터 독특하다. 동양 대신 왜 '동양적인 것'이란 말을 썼을까.

동양은 늘 서양 사람들의 관점에서 정의돼 왔다. 서양 사람의 사유 속에 동양의 실체가 온전히 담기긴 어렵다. 동양 사람들이 알고 느끼는 동양은 서양인들 머릿속에는 없다. 그래서 저자는 동양이 아니라 '동양적인 것'까지만 이야기할 수밖에 없었다.

서구인들의 관점에서, 다시 말해 근대 합리주의의 시각에서 바라볼 때 진짜 '동양'은 없다. 합리주의의 프레임에 걸리지 않는 것은 죄다 비합리적인 것이 되고, 서구인들이 볼 때 비합리적인 것은 그야말로 아무것도 아니다. 보잘것없는 것들이다. 그런 역사 속에서 실체를 무시당한 비합리적인 것들 가운데 하나가 음양과 오행이다. 음양과 오행으로 축조된 사주명리도 같은 운명이었다.

중국을 포함한 동아시아에서 목, 화, 토, 금, 수의 오행과 거기에서 파생된 명리의 담론은 일상의 구석구석까지 미치지 않은 곳이 없었다. 그런데 사회 전체가 서구화하고 합리화하면서 그 모든 게 단박에 실체 없는 것이 돼 버렸다. 서양의 논리와 과학으로 실증되지 않는다는 이유만으로 말이다.

'합리'에 의해 설명되지 않는 모든 것들에 대한 비아냥은 동양의 온갖 지적(知的) 요소들을 우습고 슬픈 것으로 만들어 버렸다. 사주 명리, 신점, 주역 등은 죄다 잡설 취급을 받으며, 전혀 진지한 탐구의 대상이 될 수 없는 것들이 돼 버렸다.

그러나 사회 전반을 점령한 합리의 제국주의 아래서 우리는 과연 행복해졌을까. 우리의 삶을 매만지고 위로해 주는 것은 사실은 비아냥의 대상이 된 잡설들 아닐까. 합리 아닌 비합리가 우리를 진정으로 행복하게 만들어 주고 있는 건 아닐까.

일반화, 추상화의 한계

우리가 공부하고 있는 사주는 정말이지 합리와는 전혀 다른 이야기를 들려준다. 누군가 고도로 합리적인 사회의 물샐틈없는 합리성에 치이고 질려 역술인을, 명리연구가를, 점쟁이를 찾아갈 때 그 누구도 합리적인 방식으로 문제의 해결책을 제시하지 않는다.

합리적인 조직과 사회에서 흔히 사용하고 가르치는 문제 해결의 방식은 어떤 것일까. 예컨대 30대 중반의 한 남성이 직장을 잃고, 그 한 달 전에는 결혼을 약속했던 애인과 헤어졌다고 하자. 겨울이 다가오고 날까지 추워지면서 이 남성은 심한 우울에 빠진다.

이럴 때 어떤 게 합리적인 대응일까.

사랑이라는 문제가 중요하기는 하지만 결혼보다는 직장 문제를 해결하는 게 급선무다. 직장 문제를 해결하기 위해서는 이 남성이 직장에서 하던 업무가 무엇인지부터 파악해야 한다.

재무나 마케팅 혹은 전략기획, 어쩌면 인사 업무일 수도 있다. 그러나 기본적으로 구직 여부는 해당 시점의 경제 상황과 관계있다. 불경기라면 좋은 능력을 갖추었어도 직장 구하기는 어렵다.

아울러 이 사람이 왜 직장을 잃었는지 살펴야 할 것이다. 직장 생활에서 문제점은 없었는지, 아니면 직장의 조직문화가 다른 기업에 비해 경직돼 있다든지 하는 문제도 살펴야 할 것이다.

그 내용이 어찌 됐든, 합리적인 문제 해결 방식은 드러난 현상을 수

술 메스 들이대듯 분석하는 데서 시작한다. 문제점을 발견하고, 그 문제점을 일반화한다. 그렇게 하나의 문제를 일반화, 추상화하고 난 뒤에 그 카테고리에 적합한 해결책을 찾는다. 그 역시 일반화된 해결책이다. 그리고 그 해결책을, 이 사람이 처한 구체적인 상황에 적용한다……

무언가 해결된 것 같지만, 이처럼 추상화된 프로세스는 사실은 공허하다. 합리적인 사고에 필연적으로 동반되는 일반화와 추상화는 한 개인의 구체적 문제를 어디론가 실종시키는 느낌이 있다.

개인적인, 너무나 운명적인

이 사람이 명리연구가 또는 역술인을 찾아가면 사뭇 다른 상황이 벌어진다. 역술인에게 직장과 애인을 잃은 30대 남성의 문제는 일반화하거나 추상화할 어떤 문제가 아니다. 바로 그 30대 남성의 아주 개인적인, 그리고 운명적인 문제다.

역술인은 이 사람을 휩싸고 있는 운명의 그림부터 그린다. 연월일시 사주에 투영된 하늘과 땅의 기운을 본다. 그리고 지금 이 사람이 그 운명의 행로에서 어디쯤 서 있는지 귀띔해 준다.

그가 직장 운과 배우자 운에서 왜 그런 곡절을 겪어야 하는지 알려 줄 것이다. 그가 직장과 여자 운에서 하강 곡선을 그리고 있지만, 반대로 그 시점에서 강점을 지닌 운이 어떤 것인지도 알려 줄 수 있을 것이다. 한 사람의 운에 재운(돈과 여자를 동시에 뜻한다)만 있는 것은 아니니까.

정체 혹은 하강 국면에 있는 자신의 운을 틔우는 데 도움이 될 행동이 어떤 것인지도 알려 준다. 정체와 하강 국면 자체를 이겨 내는 사주 체계 특유의 방법도 일러 준다.

이 모든 처방은 합리적이지 않다. 그러나 효과 또는 치료의 측면에서 합리적 처방을 뛰어넘을 때가 많다.

삶의 고통은 합리적인 이유로 발생하지 않는다. 고통은, 누군가의 삶이 합리의 테두리에서 빠져나올 때 생긴다. 비합리가 합리를 덮칠 때 드러나는 삶의 균열이 고통이다. 이런 상황에서 합리와 논리로 문제가 해결되지는 않는다. 사주, 주역 등 동양의 명리는 그런 상황에서 이렇게 묻는다.

당신은 지금 당신의 운명 스펙트럼에서 어느 위치에 있습니까?

지난 시절을 돌아보며, 당신이 처한 운명의 장기적인 흐름을 한번 느껴 보라 권한다. 운명을 탓하고 운명에 고통의 모든 이유를 돌리라는 말은 아니다. 운명의 부침과 곡절이 누구에게나 있다는 사실부터 인정하고 들어가라 한다.

지금 여러 운(運) 가운데 재운이 힘을 잃은 이 순간에도 운명의 다른 요소들이 그저 쉬고 있지는 않다. 요동치고 있는 자신의 운명을 직시하며, 그 흐름이 변하는 순간을 기다려야 한다. 그 흐름의 변화를 조용히, 그러나 절실하게 바라며 묵묵히 자신에게 찾아온 운명의 뜻을 곱씹어야 한다.

소외가 소외를 치료한다

점집들은 대개 역사적으로 한(恨)이 서린 곳들 중심으로 모이기 마련이다. 점은 미래를 내다보기 전에 사람을 위로하기 때문이다. 산이 가까운 지역에도 점집이 많다. 산의 영험한 기운을 조금이라도 많이 받으려는 의도다. 명리에는 이른바 '영발'이 필요하기 때문이다.

그런데 최근엔 한도 없고, 산도 없는 곳에서도 점집이 성행한다. 예컨대 서울의 논현동 같은 곳이다. 이곳엔 강남의 부자들과 유흥업소 여성들이 함께 점집을 찾는 진풍경이 벌어진다. 정재계 인사들도 많이 찾는다.

시대가 변하긴 했지만, 점과 한 또는 삶의 시련을 따로 떼놓기는 어려울 것 같다. 무엇보다 사주든, 신점이든, 주역 점이든 동양의 명리로 타인의 운명을 봐주는 사람들은 대부분 인생의 신산(辛酸)을 맛봤다는 사실은 의미심장하다.

한때 명리 분야 베스트셀러이기도 했던 사주책의 저자인 스님 한

분은 지방을 돌며 고물상을 한참 했다. 부산에서 명사 대열에 오른 한 역술인은 스무 살이 되기 전부터 생계와 동생들의 교육을 위해 점치는 일을 시작했다. 남들의 운명을 보는 사람들이 계룡산과 지리산에서의 방황을 기본으로 이야기하던 시절이 있었다.

점집에 들어간 사람들이, 한 움큼의 분량에 지나지 않을지라도 위로를 받아 올 수 있는 것은 그런 이유 때문이다. 소외당한 경험을 가진 이들이 자신들의 인생을 걸고 소외당한 사람들을 대하기 때문에 가능한 위로다.

사주의 이론 체계 자체가 100여 년에 걸쳐 철저하게 소외당해 왔다. 애초 운명의 예측 기능이 강했던 사주 체계가 최근 들어 상담과 위로의 체계로 재조명을 받는 이유이기도 하다.

사주 체계에 논리랄 만한 게 아예 없진 않다. 사람들을 설득할 만한 기본적 구조를 갖추지 못하면, 서구화된 현대가 아니라 신비주의적인 사고가 남아 있던 중세, 고대에도 살아남지 못한다.

한때 사주 체계의 중요 부분을 차지하던 신살(神煞)들은 이제 거의 사라지고 없다. 기본적으로 왜 그런 판단과 처방을 하는지 '논리적으로' 설명 불가능한 범주들이기 때문이다. 옛날 역술인들은 백호대살 같은 걸 수시로 언급했지만, 누군가 왜 그 지독한 살을 타고나 대낮에 횡사해야 하는지 설명하기는 어렵다. 설명이 되지 않으니 사라질 수밖에 없다.

사주도 음양과 목, 화, 토, 금, 수의 오행을 제1원리로 한 특유의 논리적 체계를 갖는다. 그러나 그 논리는 일방적이지도, 독선적이지도 않다. '합리'에서 소외된 사람들을 안아 줄 수 있을 만큼의 넉넉함을 품고 있다.

논리와 인정사정

도리삼푼(道理三分)이라는 말이 있다. 선불교의 황금시대였던 당나라 때 석두 희천이라는 당대의 큰 스님이 한 말이다. 시비(是非)와 곡직(曲直)을 따질 때 논리와 합리는 삼 푼, 그러니까 30퍼센트만 이용하라는 조언이다.

그럼, 나머지는 무얼로?

인정도 생각하고, 사정도 참작해야 한다. 사는 게 실제 그렇지 않나. 짜 맞춘 듯 기계처럼 돌아가는 삶이란 꿈에서도 존재하지 않는다. 모든 게 합리적으로 돌아가야 한다는 생각, 그건 사주명리의 관점에서, 낭설에 지나지 않는다.

사주의 기본 중 기본이 오행의 상생(相生), 상극(相剋)이다. 목, 화, 토, 금, 수 오행은 자기들끼리 서로 북돋아 주고(상생), 견제한다(상극). 사주를 이용한 운명의 예측은 궁극적으로 오행의 상생, 상극으로 환원된다고 봐도 큰 무리가 없다.

그런데 이 상생, 상극 역시 강한 원칙으로 밀어붙이듯 적용해서는 안 된다. 삶이 몇몇 원칙에 따라 움직이지 않는 것처럼 사주의 조언 역시 원칙적이거나 강박적이지 않다는 말이다.

예컨대 나무가 불을 살린다(木生火)고 한다. 그러나 목다화멸(木多火滅)이기도 하다. 땔감으로 쓰이는 나무가 너무 많으면 불을 끈다.

상극 관계에서는 수극화(水克火)라고 해서 물이 불을 제어하며 불이 심할 때는 꺼 주기도 한다. 그러나 제어 당하는 불의 기세가 너무 심하면 반대로 물이 말라 버리는 화염수작(火炎水灼)의 상황도 있다.

역술인들은 동양 철학의 정수인 음양과 오행을 정교하게 가공해 뭇 존재의 운명 패턴을 그려 내고 미래를 예측한다. 그러나 음양과 오행 자체는 한시도 쉬지 않고 끊임없이 변화한다. 기계적 패턴화와 정태적 예측은 불가능하다. 그런 건 존재한 적도 없다.

삶이라는 게 원래 그렇다.

공자는 언젠가 냇가에 서서 이렇게 중얼거렸다.

흐르는 것들은 이와 같구나. 밤낮을 쉬지 않네!

逝者如斯夫 不舍晝夜

삶은 몇몇 기계적 논리로 재단되지 않는다. 지금의 곤란, 좌절이 영원히 지속되지 않으며, 그런 상황이 합리적인 분석에 의해 밝혀지거나 개선될 수 없다는 게 명리의 메시지다. 차라리 하늘의 뜻을 겸허히

묻고 조용히 돌아앉아 그 운명의 행로와 자신을 관망하는 게 인간적이고 사는 데 도움 되는 일이다.

삶을 살아가고 설명하는 데 완벽한 논리 같은 건 없다. 조용히 들여다보고 있으면 나도 또 그의 삶도 '도리삼푼'에서 벗어날 수 없단 사실을 금방 확인하게 된다.

합리는 어떤 상황에서든 30퍼센트 정도만 따지면 된다. 삶은 한순간도 간단한 도식으로 완성되는 법이 없다. 차분히 기다리면 예상치 못한 곳에서 새로운 출구가 열린다. 정답은 우리가 주목하지 않던 곳에서 나온다.

스물다섯째 날 ─────────────

땅 쓸고 꽃잎 떨어지기 기다리네

마음 외로울 때 가끔 떠올리는 한시 구절들이 있다. 통째론 못 외고 파편처럼, 상흔처럼 떨구어져 나온 문장들을 가슴에 품었다 하나씩 꺼낼 뿐이다. 그중 하나가 소지대화락(掃地待花落)이다.

땅 쓸고 꽃잎 떨어지기 기다리네

송나라 왕안석의 시다. 얼마나 예쁜 마음인지. 흩날리며 떨어질 꽃잎 하나도 그냥 두지 않는다. 마당을 깨끗이 쓸어, 색 바랜 꽃잎 하나 그 위로 내려와 주길 기대한다. 보잘것없을지 모를, 그러나 제 소명을 다하고 지상으로 낙하하는 꽃잎을 정갈한 마음으로 기다린다.

자기 자신에 사로잡히고, 그 속에 스스로를 가두어선 보지 못할 풍경이다. 스물다섯째 날엔 다른 이야기 옆으로 밀쳐 두고, 정갈하게 비워둔 정원처럼 나를 비우는 일에 관한 이야기를 해보려 한다.

풍요로운 삶의 조건, 자기 포기

영국 출신 문학 평론가로 테리 이글턴(Terry Eagleton)이라는 사람이 있다. 한국에도 독자가 꽤 많았다. 문학이 교양으로 통하던 시절, 서양의 현대문학 이론을 요약해 정리해 놓은 테리 이글턴의 《문학이론 입문》이라는 책은 전공자가 아닌 사람들에게도 인기가 높았다.

이 사람이 쓴 짧은 논문을 보다가 '자기 포기'의 중요성을 강조한 대목을 만났다. 자기 포기 없이 진정한 삶을 이룰 수 없다는 내용이었다. 세속의 흔한 행복론은 아니다. 그리스도교에 관한 이야기를 하는 중이었다.

이글턴이 말한 '자기 포기'의 원어는 케노시스(kenosis)로 원래는 신의 육화(肉化)를 뜻한다. 하나님이 예수로 사람 몸을 갖게 된 것을 자기 포기로 표현했다. 육체 없는 신이 자기 포기, 자기 부정을 통해 인간이 됐다는 것, 그것이야말로 자기 부정이다.

사주 이야기하면서 별소리를 다하는 것 같지만, 사주팔자의 궁극적 진리 가운데 하나도 자기 부정, 자기 포기다. 사주의 운명론으로 한 경지를 이루고, 이른바 고수의 대열에 든 이들 중엔 몰아(沒我)의 상태를 체험한 사람들이 드물게 있다.

천년에 걸쳐 펼쳐진 숱한 운명을 접하면서 자기 포기가 풍요로운 삶의 조건임을 깨달은 사람들이다. 하지만 그게 그들만의 이야기일 리 없다. 사주를 통해 삶을 공부하는 이들도 그렇게 풍요로운 삶을 지향해야 하지 않을까.

숨은 나

지인 중에 오랫동안 공무원 시험을 준비한 사람이 있다. 한 7~8년 공부한 듯한데, 합격 소식은 들려오지 않았다. 시험에 낙방하고 힘들어하는 그를 만나 슬쩍 연월일시를 물은 적이 있다. 공무원의 사주에 필요한 관운이 있는지 궁금했다. 공무원이 되려면 공부할 때도, 이후 일을 시작하고도 녹진함이 필요하다. 그런 녹진함과 자기 통제는 '관'이란 사주 요소에 담겨 있다.

그런데 관의 요소는 없고, 대신 관을 깨는 상관(傷官)만이 사주에 흘러넘쳤다. 상관이 강하면 일상에서도 파격적인 면모를 감추지 못한다. 공무원이라고 파격적 발상이랄까 평범하지 않은 성격이 빛을 발하지 못하는 건 아니지만, 그래도 공적인 업무에 적합한 성격 같은 게 확실히 있다.

이 지인은 몇 년 전 시험을 마지막으로 다른 길을 모색하고 있다. 서둘지 않고 자신만의 길을 찾아가는 중이다. 늦었지만 행복해 보였다.

사람들은 누구나 자신에 대해 허상을 갖는다. '나'를 가장 잘 아는 사람이 나일 거라 믿지만, 그런 경우는 생각보다 드물다. 인상적인 책 카피가 있어 메모해 둔 적이 있다. 한참 옛날 책 광고에 나온 내용인데, 용케 남아 있어 나눈다.

평생 꼭 한번은 만나고 싶은 사람이 누구인지를 묻는다면 저는 '나 자신'이라 답하겠습니다.

진정한 '나'를 만나는 건 그렇게 힘들다. 그렇게 평생을 가야 만나기 어려운 자아, 진정한 자아가 연월일시에서 뽑아낸 여덟 글자 안에 담겼다고 보는 게 사주 명리다. 심리학자라면 심리 분석을 통해 그 자아를 찾을 수 있다고 주장할 것이고, 신앙인이라면 신앙을 통해서만 진정한 나를 볼 수 있다고 이야기할 것이다. 하지만 사주는 팔자의 분석을 통해 나를 찾고 볼 수 있다고 말한다.

굳이 사주에 나타난 '나'만이 진짜 나라고 주장할 생각은 없지만, 적어도 나에 대한 허상만은 버려야 한다고 말하고 싶다. 그래야만 비로소 물 흐르는 듯한 삶이 가능해진다.

경제적으로 풍요하다고 행복한 삶이 아닌 것은 서른 살만 넘겨도 안다. 권력이 얼마나 무망한지도 다들 안다. 물 흐르는 듯 행복한 삶이 그런 외부 조건에 의존하지 않는다는 사실을 모두 안다. 행복의 중요한 전제가 내가 생각하는 나와 실제 나의 일치다.

상선약수(上善若水)라는 말들을 한다. 가장 좋은 삶은 물과 같다. 물처럼 걸림 없이 자유자재로 살려면 허상으로 점철된 '자기'부터 부수어야 한다. 자기 부정, 자기 포기, 자기 부인이 필요하다. 그래야 막히지 않고 멀리 흘러간다.

불교의 이상한 강설

불교의 초기 경전 중 하나인 《금강경》에서 붓다는 강설 내내 제자들이 갖고 있는 '나'에 대한 생각을 공격한다.

금강경의 열네 번째 챕터인 제14분(分)의 제목이 이상적멸(離相寂滅)이다. 외양(相)을 떠나(離) 적멸에 들라는 가르침이다. 붓다의 강론을 듣던 제자 수보리가 감동해 이야기한다.

왜냐하면 나라는 생각도 없고, 사람이라는 생각도 없고, 중생이라는 생각도 없고, 오래 산다는 생각도 없기 때문입니다. (……) 왜냐하면 일체 모든 상을 여읜 것을 부처님이라 이름하기 때문입니다.

갑작스레 불교와 붓다 이야기를 꺼내는 것은 다른 이유가 아니다. 종교라는 게 사람들이 살면서 여러 가지 가치에 대해 품게 되는 의문을 극한까지 끌고 간 후에야 나온다. 그런데 종교마다 근본 교리로

'나 없음'을 강조한다. 누구에게나 일상에서 생기는 '진짜 나'와 '가짜 나' 사이의 괴리가 큰 폐해이기 때문에 나오는 처방이다.

물론 종교가 자기 치료를 위한 일상의 테크닉으로 폄하되어선 안 된다. 하지만 일상의 문제를 해결하는 테크닉도 안 된다면 또 무슨 의미가 있겠나.

《금강경》관련해서 여담을 하나 하자면, 경전에 등장하는 '갠지스강의 모래'란 표현을 무척 좋아한다. 엄청난 수와 양을 강조하기 위해 금강경은 그냥 갠지스강의 모래알 수도 아닌, 갠지스강의 모래알 수만큼의 갠지스강을 상정하고 그 모든 강의 모래알 수를 이야기한다.

대단한 상상력이다. 그런 무한에 가까운 수를 잠깐이라도 생각하고 있으면 나 자신이 얼마나 보잘것없는 존재인지, 그래서 자신감이든 상실감이든 내가 나에 대해 품고 모든 생각이 얼마나 허망한 것인지 깨닫게 된다.

지극히 현실적이면서 동시에 이상적인 사상가였던 공자도 그런 말을 했다. 《논어》의 2장 위정(爲政) 편에 나오는 이야기가 있다. 한문 교과서에도 곧잘 등장하는 말이다. 나이대별로 공자 자신이 무엇을 깨달았는지 말하는 부분이다.

위정 편에서 공자는 나이 쉰에 하늘의 뜻을 알았다고 이야기한다. 일흔에 이르러선 내 마음이 하자는 대로 해도 경우에 어긋나지 않게 됐다고 말한다. 모두 허상의 '나'를 잊어야만 가능한 단계다. '나'를 버리지 않고 하늘의 뜻을 읽지는 못한다. 만약 '왜곡된 나'가 하자는 대로 하면 경우에 어긋난다. 삶이 어색해진다.

자기 포기야말로 풍요로운 삶의 조건이다. 그런데 어떻게 해야 자기를, 자아를 버릴까.

예수는 광야를 헤맸다. 붓다는 오랫동안 고행했다. 공자는 2,500년 전 적지 않은 나이에 숱한 나라를 돌아다니며 번번이 정치적 좌절에 빠졌다. 고난과 방랑 속에서 그들은 새롭게 태어났다. 일상과는 다른 시간을 견뎌내면서 그들은 '다른 사람'이 됐다.

살면서 누구나 시련과 고난을 겪는다. 예외 없는 일이다. 시련과 고난을 모르고 사는 사람은 없다. 문제는 고난과 시련을 눈감지 않고, 몸과 마음으로 그 난관들을 받아들이냐는 것이다. 받아들이면 삶의 양상이 달라진다. 시련을 감당하는 동안 우리의 자의식은 철저하게 해체된다.

경제적인 곤궁 속에서, 정치적인 핍박 속에서, 인간적인 좌절 속에서 내가 생각하던 나는 산산이 부서진다. 평범한 일상에서는 일어날 수 없는 일이다.

걸출한 사상가의 사주

일가를 이룬 철학자나 위대한 사상가의 사주를 분석하다 보면 재미있는 흐름을 발견한다. 사주의 구성이 한쪽으로 치우쳐 안 좋은 경우가 많다. 사주 원국은 균형을 갖췄는데 대운의 흐름이 사주의 원래 모양새를 어그러뜨린다. 둘 다 나쁜 경우도 많다. 사주에 안 그래도 금(金) 기운이 과도해 불안정한 삶이 예측되는데, 왕성한 활동을 할 30~40대에 줄기차게 가을 대운이 들어와 금 기운을 북돋는 식이다.

명리연구가들은 유명한 철학자, 사상가들에게 자주 나타나는 사주를 보면서 애매한 풀이를 내놓곤 했다. 이름을 알릴 사주도 대운도 아닌데, 왜 대단한 사상을 내놓고 그렇게 인상 깊은 자취를 남기는지 알 수 없어서다.

올바른 답은 늘 간단하고 쉽다. 그들이 걸출한 사상가가 될 수 있었던 건 좋지 않은 사주와 대운 때문이다. 삶에 각인되고 예정된 시련과 고난을 거치면서, 그러한 상황을 감내하면서 만들어진 게 그들의 사유다.

철학자들은 자기 부정, 자기 포기를 일상화한 사람들이다. 철학은 자연철학을 포함한 존재론에서 시작해 근대 들어 인식론으로 전환됐다. '인간이 어떻게 이 세계를 인식하는가?', '세계를 인식하는 의식은 과연 무엇인가?' 고민하는 게 인식론이다. 사유가 무르익어 가는 동안 그들의 자의식도 끊임없이 해체된다.

성인이 아니고, 철학자가 아니어도 다를 게 없다. 방랑과 방황과 핍박의 시절을 어떻게 견뎌내느냐, 어떻게 바라보느냐에 따라 사람은 달라진다. 고단한 삶, 불안한 마음을 피하지 않고 철저하게 자기 것으로 인정하면서 내가 아닌 나, 그 거품을 걷어내야 한다.

천 년 전 시인은 하루하루 땅을 쓸어내면서 거품 같은 자아도 흘려보냈다. 마당을 어지럽힌 불순물들을 걷어내며, 번잡한 마음을 말끔히 정리했다. 그렇게 자아를 비운 마음 위로만, 계절 가리지 않는 꽃비가 쏟아진다.

6부

운명

스물여섯째 날 ─────────────

운명을 바꾼 사람

종착역이 가깝다. 남은 질문들을 던지며 천천히 걸어가자.

사주가 누군가를 위로한다고 할 때 그중 가장 큰 위로는 무엇일까. 점은 지금까지 자신을 비우라 했고, 철 지난 합리주의에 치이지 말라고도 했다. 모든 비교는 헛일에 불과하다는 말도 들려주었다. 아무리 힘들어도 6개월만 참으면 적어도 변화의 조짐은 나타난다는 메시지도 전해 주었다.

마지막 위로가 남아 있다. 사주는 원래 운명의 존재를 전제로 한다. 숙명적인 운명이 있어야, 그 운명을 예측하는 일이 가능하니까. 그러나 사주는 이제 그 전제를 부정하기에 이른다. 운명이라는 게 숙명적이 아닐 수도 있다고 외친다.

사주는 자신을 부정하는 극단적인 방법으로 사람을 위로한다. 자신의 운명을 바꾼 사람의 이야기다.

500년 전 중국, 그러니까 명나라 시기에 원황(袁黃)이라는 사람이 살았다. 어린 시절, 원황은 절에 갔다가 한 노인을 만났다. 노인은 원황의 운수를 뽑더니, 다음 해 있을 과거 시험에 관해 예언했다.

현(縣)에서 보는 시험에서는 14등, 부(府)에서 보는 시험은 71등, 마지막으로 성(省)이 주관하는 시험에서는 9등을 할 것이다.

이듬해 원황은 예정된 시험들을 쳐나갔다. 노인의 예측에서 한 치의 오차도 없었다. 14등, 71등, 9등을 했다. 이럴 때 누가 침착할 수 있나. 원황은 다시 그 노인을 찾아갔다. 그러고는 평생의 길흉에 관한 이야기를 듣는다. 앞으로 몇 차례 더 치르게 될 시험에 관한 예측이 있었고, 관직에 대한 전망도 있었다. 가장 중요한 내용은 그다음이다.

53세 되는 해, 8월 14일 축시(丑時)에 거실에서 운명한다. 그리고 외로울 것이다. 대를 이을 자식이 없다.

원황은 가슴이 무너져 내렸다. 노인의 말은 정말 천기누설일까. 죽을 시기와 장소를 너무나 구체적으로 집어냈다. 대를 잇는 것이 무엇보다 중요하던 시절에 무자식 팔자 이야기까지 들었다. 원황은 조용히 노인에게 인사를 하고 나왔다.

슬픈 마음을 어린 원황이 어떻게 추슬렀는지 모르겠다. 어쨌든 그는 자신에게 주어진 소명인 듯 열심히 공부했고 시험을 쳤다. 그때마다 노인이 예측한 성적을 받았고, 역시 노인의 예측한 그대로 관직을 밟아나갔다.

원황은 자기 삶이 승승장구할수록 깊은 수렁으로 빠지는 기분을 떨칠 수 없었다. 주위 사람들은 다들 부러워했지만, 그는 운명의 서글픈 종착지를 확신하게 될 뿐이었다.

말로 표현할 수 없는 비애를 품고 살던 원황이 삼십 대 중반을 넘겨 한 선사를 만났다. 선사는 원황의 표정과 말에서 보통 사람과는 다른 무언가를 읽어내고 연유를 물었다. 원황은 자기에게 부과된 천명(天命)과 그 천명의 예언이 실현될 수밖에 없는 이유를 담담히 고백했다. 선사는 뜬구름 같은 얘기를 시작했다. 운명에 관한 설명이었다.

사람의 운명을 예측할 때 활용하는 사주와 주역 모두 궁극으로 파고들면, 음양의 원리로 귀결된다. 그러니 사람들의 복잡한 삶을 통해 모습을 드러내는 운명이란 것도 결국 음양의 미묘한 움직임에 좌우되는 무엇일 뿐이다. 운명에 지배받는다는 건 음양의 원리에 묶여 산다는 것이다. 그러고는 적막하던 밤하늘에 떨어지는 번개처럼 강렬한 얘기를 들려준다.

음양의 원리는 보통 사람에게 적용된다. 음양의 영향을 벗어나는 사람들이 있다. 음양의 원리가 아무리 강고하고 투철해도 지극히 선량한 사람은 완전히 얽어매지 못한다. 지극히 사악한 사람도 음양의 원리를 빠져나간다.

원황의 선택은 물론 선량한 쪽이었다. 그는 이름부터 바꾼다. 평범함을 끝냈다는 의미의 요범(了凡)을 새 이름으로 쓴다. 그리고 마음을 다해 주위에 선행을 베풀며 살기 시작한다. 불안과 탐욕을 모두 떨쳐내고 나와 남을 구별하지 않는 삶을 살아간다.

요범은 몇 년 지나지 않아 아들을 낳았다.

그는 일흔 넘어 세상을 떴다. 많은 이들이 그의 죽음을 슬퍼했고, 그의 삶을 찬탄했다.

스물일곱째 날 ───────────

사주팔자의 한계를 넘어

500년 전 중국 사람 원황은 선(善)을 쌓아 운명을 바꿨다. 하지만 적선(積善)이 정말 운명을 바꿔주는지, 아울러 운명을 바꾸는 유일한 방법인지에 대해선 좀 더 생각해 봐야 할 것 같다.

우리 주위에 착한 사람들이 얼마나 많은가. 그들은 정말 일상을 통해 자신의 운명을 바꿔나가고 있는 사람들일까. 더없이 착한 사람 중에도 운명에 허덕이는 사람이 얼마나 많은가.

운명을 바꾸는 방법을 점검하기 전, 먼저 해결해야 할 문제가 있다. '운명을 바꾼다'는 말이 무얼 뜻하는지부터 살펴야 할 것 같다. 운명을 바꾼다는 것이 도대체 사주적으로는 어떤 의미를 갖는 걸까.

음양과 오행을 표시하는 8개의 글자로 이뤄진 사주(四柱), 그리고 팔자(八字)는 물론 바꿀 수 없다. 태어난 바로 그 시점에 하늘과 땅을 채우고 있던 오행의 기운이 응집하며 한 사람에게 각인된 게 바로 사주팔자다. 그건 안 바뀐다.

사주에서 가장 중요한 것은 사주의 원래 모양새인 원국 시점에 따라 달라지는 대운이라 했다. 원래 모양새가 운명의 기본적인 방향을 알려 준다면, 대운은 그 운명 그래프의 요동을 나타내 준다. 사주팔자가 안 바뀐다는 것은 운명의 기본적인 방향과 그래프의 요동 주기가 안 바뀐다는 것이다.

말하자면, 한 사람이 살아갈 수 있는 삶의 테두리가 태어날 때 정해진다는 것이니, 그것은 한 사람의 삶에 부과된 한계 같은 것이라고 할 수 있겠다.

이 한계선의 모양새는 바꿀 수 없다. 태어난 시기가 변하지 않는 한, 바뀌지 않는 삶의 윤곽선이다. 그러나 해결책은 있다. 바꿀 수 없지만 뛰어넘을 수는 있다. 그래서 운명을 바꾼다는 것은, '사주적'으로 정확히 이야기하자면, 운명을 뛰어넘는다는 것이다.

역사적으로 이름을 남긴 사람들의 사주를 시험 삼아 풀어 볼 때, 아무리 애쓰고 찾아봐도 사주와 삶이 맞아떨어지는 지점을 발견하지 못하는 경우가 있다. 사주를 처음 풀기 시작했을 무렵에는 그게 단지 사주를 푸는 과정의 실수 때문일 것이라고만 생각했다.

그러나 그게 아니었다. 이 사람들이야말로 자신에게 사주팔자의 형식으로 주어진 삶의 한계, 곧 운명을 뛰어넘은 사람들이었다. 아무리 애를 써도 그 무엇 하나 변화시킬 수 없는 한계 상황에서 그들은 각고의 노력으로, 태어날 때 주어진 삶의 테두리를 벗어났다.

김중식 시인의 시 중에 〈이탈한 자가 문득〉이라는 작품이 있다. 1967년생인 시인이 1993년 봄에 낸 시집에 수록된 시이니, 이십 대 중반에 썼다. 하지만 완숙한 삶의 경지를 보여주고 있어 들여다보며 놀란다.

> 집도 절도 죽도 밥도 다 떨어져 빈 몸으로 돌아왔을 때 나는 보았다. 단 한 번 궤도를 이탈함으로써 두 번 다시 궤도에 진입하지 못할지라도 캄캄한 하늘에 획을 긋는 별, 그 똥, 짧지만, 그래도 획을 그을 수 있는, 포기한 자 그래서 이탈한 자가 문득 자유롭다는 것을……

두 번 다시 궤도에 진입하지 못할 수도 있다는 절박한 심정으로 자신에게 부과된 사주에서 이탈하는 자, 그 사람만이 운명을 바꾸는, 아니 운명을 뛰어넘는 사람이다.

죽음에 관한 명상

운명을 바꾼다는 것은 사주팔자의 형식으로 주어진 내 삶의 한계, 그 테두리를 어떻게든 넘어선다는 것이다. 그런데 그 테두리를 흐트러뜨리고 넘어서기 전에 먼저 할 일이 있다.

그 운명의 테두리, 삶의 윤곽선을 정확히 파악해야 한다. 삶의 한계선을 명확하게 보고 나서야 그 한계선을 넘어서든지 변형시키든지 할 수 있다. 그리고 그 방법은 바로 죽음에 관한 명상이다.

운명이라는 건 기본적으로 사람 '사는' 일에 관한 것이다. 그런데 왜 난데없이 죽음에 대해 명상하라는 이야기를 할까.

독일 철학자 마르틴 하이데거(1889~1976)는 스승 에드문트 후설의 현상학을 계승하면서도, 인간의 존재 자체를 탐구한 사상가다. 대표적인 실존주의 철학자로도 불린다. 그런데 하이데거 자신은 실존주의자라는 호칭을 대단히 싫어했다고 한다. 본인도 싫어하는 실존주의의 호칭을 사람들이 굳이 붙이려 애쓰는 건 그가 죽음에 대해 누구보다도 진지하게 철학적 탐구를 한 이유도 있다.

하이데거는 죽음에 대해 진지하게 고찰하지 않으면서 제대로 된 삶을 살 수는 없다고 했다. 인간은 태어나면서부터 죽음으로 치달아간다. 모든 인간은 죽을 수밖에 없는 존재다. 죽을 수밖에 없으니, 죽음을 두려워만 말고 죽음으로 먼저 다가가서 그러니까 죽음과 맞닥뜨려 자신의 현재 삶을 끊임없이 반성해야 한다. 죽음을 통해 삶을 바라봐야 한다.

인간적인 삶이란 그런 삶이다. 죽음을 무시하고 두려워하는 삶이 아니라 죽음을 품고 사는 삶이 진정으로 인간적인 삶이다. 그런데 현대인들은 모두 죽음으로부터 도피하려고만 한다.

현대의 죽음은 병원 한 귀퉁이 장례식장에만 음습하게 숨어 있다. 전근대의 시기처럼 주위 사람들의 죽음을 바로 그 마을에서 바라보고 함께 애도하며 죽음을 간접 경험해 볼 수 있는 기회들은 사라졌다.

개인적으로는 마흔을 넘기면서 죽음에 대해 간헐적으로 생각하게 됐다. 누구든 그 나이 되면 대개 그런 생각을 하는 것 같다. 너무도 두려운 일이다. 죽음 이후에 대해서는 누구도, 아무것도 모른다. 다만 죽음이 모든 것을 무너뜨린다는 것만 안다.

가족, 재산, 명예, 그리고 감각까지 모든 게 사라진다. 전면적인 무화(無化)다. 공포뿐이다. 그러나 두려움을 넘어 죽음을 선의 화두처럼 품고 쉼 없이 생각할 때 뜻밖의 일이 벌어진다. 현재의 삶이 명징하게 드러나는 순간이 찾아온다.

죽음을 생각해야 지금 살고 있는 삶의 여러 가치에 대한 평가가 가능하다. 돈, 명예, 권력, 가족, 취미 등의 우선순위가 정해진다. 죽음이야말로 삶의 유일한 기준이다. 죽음을 통해 삶이 명확해진다. 철학자 하이데거의 생각인 동시에 개인적인 경험이기도 하다.

운명을 뛰어넘는다는 것은 사주팔자가 정해 놓은 한계선을 뛰어넘는 일이다. 죽음에 관한 명상은 그 한계선을 명확히 볼 수 있게 해 준다. 죽음을 생각하는 일이 운명을 뛰어넘는 먼 길의 출발점이다.

말 나온 김에 사주 체계에서 누군가가 죽는 시기를 파악하는 방법을 소개해도 좋겠다. 역술인들도 사망 시기에 대해서는 말을 많이 아낀다. 죽음의 시기를 예측하는 일은, 돈 버는 시기, 결혼 시기, 직장 구하는 시기를 예측하는 것과는 다르기 때문이다. 요즘 용어로 하면 리스크가 너무 크다. 틀리면 그냥 욕먹는 정도가 아니니까.

현실적인 사정은 그렇다 치고, 사망 시기를 예측하는 가장 일반적이고 조심스러운 방법은 대운(大運)과 연운(年運)이 한꺼번에 달려들어 용신(用神)을 치는 시기를 파악하는 것이다. 용신은 앞서 설명했지만, 한 사람의 사주가 균형을 찾기 위해 가장 필요로 하는 오행을 뜻한다. 이런 오행의 요소를 십 년 주기로 변하는 대운과 일 년 주기로 순환하는 연운까지 죄다 달려들어 쳐내려 하니 신상에 위험이 닥친다.

500년 전 운명을 뛰어넘었던 그 사람, 원황의 사망 시기를 맞추었던 그 스님도 아마 그 방법을 썼을 수 있겠다. 아님, 주역을 이용했을 수도 있다.

그러나 의료 기술의 혁신적인 발전으로 사망 시기의 예측은 예전보다 훨씬 어려워졌다. 의료 기술의 발달은 사주 원국과 대운의 전개에 따른 오행의 흐름과 충돌에 인위적으로 개입되는 변수가 많아졌다는 것을 뜻한다. 예측이 과거에 비해 많이 어긋날 수밖에 없다.

그러나 다시 한번, 중요한 것은 사망 시기의 예측이 아니다. 운명을 뛰어넘기 위해서는, 언제라도 다가올 수 있는 죽음에 대해 두려움 없이 명상해야 한다.

사주를 공부하며 함께 새겨야 할 하이데거의 메시지는 바로 그것이다. 죽음에 관한 명상을 통해 내 운명의 윤곽선, 그 삶의 한계선을 분명하게 인식해야 한다. 죽음에 대한 명상을 통해 본인 사주의 모양새와 테두리를 터득하게 되면, 그게 바로 지천명(知天命), 하늘의 뜻을 알게 되는 단계다.

주역을 철학적으로 해설하는 글 중에 《계사전》이 있는데, 그 경전에 낙천지명고불우(樂天知命故不憂)라는 말이 나온다.

하늘의 뜻을 즐기고, 자신의 운명을 알면 걱정이 없다

죽음에 대한 명상은 그런 고단수의 경지를 맛보게 해 주는 소중한 방법이다. 그런 경지에 도달하게 되면, 걱정 없이 자신의 삶을 바라볼 수 있게 되고, 정해진 자신의 분수에서 의연하게 한 걸음 더 나아갈 수 있다.

스물여덟째 날

운명을 뛰어넘는 5가지 방법

하늘이 내려 준 삶의 윤곽선을 뚜렷하게 인식한다 해도 그 윤곽선을 쉽사리 흐트러뜨리지는 못한다. 일상적 노력으로 그 윤곽선을 벗어나긴 힘들다. 많은 사람이 사주에서 드러나는 운명의 모양새를 이탈하고 싶어 하지만, 실패한다. 그렇다고 정해진 윤곽을 흐트러뜨릴 방법이 없는 건 아니다.

타인의 운명을 끌어들인다

가장 확실한 방법은 다른 사람의 운명을 내 운명에 끌어들이는 것이다. 다른 사람의 도움으로 사주팔자의 테두리를 무너뜨리는 것이다. 그럼 다른 사람의 도움을 받기 위해 어떻게 해야 할까. 세상이 돌아가는 방식은 복잡한 듯해도 단순하다.

도움을 받으려면 먼저 도움을 줘야 한다.

400년 동안 몰락하지 않은 경주 최 부자가 그렇다. 최 부잣집 가훈 중엔 예사롭지 않은 대목이 있다.

사방 백 리 안에 굶어 죽는 사람이 없게 한다

돈 있으면 남을 도울 수 있다. 어려운 일 아니다. 그러나 가훈으로 같은 지역에 사는 이웃들의 생존을 책임지라 명시적으로 당부하는 집안은 평범하지 않다. 좁은 지역도 아니다. 100리면 40킬로미터다. 그냥 조그마한 마을 단위 정도가 아니다.

한 세대를 30년으로 볼 때, 400년을 이어 가려면 13대가 필요하다. 최 부잣집의 가문을 이어 간 13명의 사주가 모두 부자 사주일 가능성은 희박하다. 어떤 부자도 3대를 이어 가기 어렵다고 하지 않나.

그런데 최 부잣집은 400년을 갔다. 원조 최 부자의 후손 중엔 재운이 전혀 없는 사주를 타고난 사람도 분명히 있었을 텐데 400년을 이어 간 것 자체가 운명을 바꿔나간 것을 증명해 준다.

그들이 사주팔자의 한계를 뛰어넘을 수 있었던 것은 바로 '사방 100리 안에 굶어 죽는 사람이 없도록 하라'는 가훈과 태도 때문이었을 것이다. 그렇게 주위 사람들을 도와주었으니 사주 좋지 않은 후손

이 집안을 맡았을 때 풍파를 견뎌 낼 수 있었다고 생각한다.

이웃들이 최 씨들의 사주에 영향을 끼친 것이다. 최 씨들의 사주적 한계를 주위 사람들이 흐트러뜨리며 최 부잣집의 400년을 이어 나가게 했다.

최 부잣집을 두고 적선지가 필유여경(積善之家 必有餘慶)이라고들 한다. 적선이야말로 타인을 자기 삶 속으로 끌어들여 삶의 한계를 부수는 방법이다.

초인적인 절제

일본의 한 유명한 명리연구가가 "절제만 잘하면 웬만큼 나쁜 사주도 보완해 나갈 수 있다"는 말을 남겼다. 절제로 사주의 한계를 무너뜨릴 수 있단 얘기다.

좋은 사주 가진 사람은 몇 없다는 말을 한 적이 있다. 굳이 사주의 좋고 나쁨을 따지자면, 대부분 나쁜 사주를 가지기 마련이다.

그렇다면 어떤 사주가 나쁜 사주일까. 특정 오행의 부족이나 치우침이 있을 경우를 말한다. 예컨대 화(火) 기운이 너무 세서 지나치게 성급하고 다혈질이라든지, 금(金) 기운이 턱없이 부족해 결단성이 없는 경우다.

물론 절제가 쉬울 리 없다. 모두 다 절제할 줄 알면 모두 다 자신의 사주와 운명을 뛰어넘을 것이다. 그러나 그렇게 힘겨운 절제를 내면

화하고, 자신의 나쁜 성격이나 불리한 상황으로 인한 억울함을 참아 내면, 사주에 나타난 운명의 파행을 큰일 없이 넘길 수 있다.

누구를 탓할 필요도, 상황을 비난할 필요도 없다. '나 하나가 바뀌면, 온 우주가 바뀐다'는 말은 비유만은 아니다.

주역에는 산이 두 개 겹친 중산간(重山艮) 괘가 있다. 내 앞에 너무 험한 산이 나타나면 멈춰서야 한다. 산을 넘으려 하면 낭패를 본다. 한 개의 산도 아니고 두 개의 산이다. 즉각 멈춰야 한다.

괘 설명 중 기배불획기신(其背不獲其身)이라는 문장이 나온다. 이 문장을 이렇게 풀기도 한다.

아버지를 죽인 원수를 눈앞에서 만났다. 그런데 그는 나를 보지 못한다. 등을 돌리고 있다. 집안 원수의 등(其背)이 내 눈앞에 있다. 그리고 내겐 칼이 있다. 마음만 먹으면 원수를 없앨 수 있다. 그런데 그의 몸을 취하지 않는다(不獲其身). 눈 딱 감고 멈춘다.

이 정도의 절제는 돼야 운명을 바꿀 수 있다. 불가능한 일이라고 말할 수도 있다. 그러나 운명을 바꾸는 일은 불가능은 아닐지 모르지만, 그에 가깝게 힘든 일이라는 점을 잊어선 안 된다.

종교의 힘

사주의 틀을 깨는 또 하나의 방법이 있다.

신실하게 믿으며 살아가는 것이다. 종교의 도움을 받는 것이다. 요즘 세상은 성(聖)과 속(俗)을 지나치게 멀리 떼어 놓았다. 화해의 가능성을 없앴다. 그러나 종교적 심성은 '인간'을 이루는 기본 요소다. 내 안에서 멀어진 성과 속을 화해시키면 새로운 삶의 길이 열린다.

한 사람이 이 세상에 태어나는 건 사람의 뜻이 아니라 하늘의 뜻이다. 태어난 연월일시에 따라 부여받는 사주팔자도 본래 하늘의 뜻이다. 하늘의 뜻과 교감할 수만 있다면, 본인 사주의 한계를 벗어나고, 운명을 바꿀 수 있다.

가톨릭이든, 개신교든, 불교든, 이슬람 어느 쪽이든 좋다. 성스럽고 신비한 것을 믿는 일 자체가 하늘의 뜻을 품는 일이다. 종교 생활을 열심히 하면 하늘의 도움으로 주어진 사주의 한계를 뛰어넘을 수 있다. 적선이 주위 사람들의 기(氣)를 받아 본래 사주의 틀을 깬다면, 종교는 하늘의 도움으로 사주의 틀을 뒤흔든다.

주위를 둘러보라. 종교를 가진 후에 운명이 바뀌는 사람들을 소수지만 볼 수 있다. 기도하든, 염불하든, 알라를 읊조리든 다 좋다. 절실한 마음으로 하루하루 하늘과 소통하다 보면 사주의 틀 따위는 어느새 허물어진다.

조금 다른 이야기지만 사주를 아무리 정교하게 풀어도 안 맞을 때가 있는데, 종교인들이 그럴 때가 많다. 유명한 스님, 목사, 신부의 사주를 펼쳐 놓고 이것저것 따지다 보면, 그분들의 사주와 삶의 행로가 어긋나 있는 경우를 보게 된다.

그들의 영성 때문이다. 앞서 말한 대로 사주라는 게 원래 하늘의 뜻을 품고 있는 것인데, 수시로 하늘의 뜻을 묻고 하늘과 교감을 하는 사람들인지라 태어나면서 만들어진 사주의 모양새가 의미 없어진 경우다.

운명을 바꾸기 위해 몸소 스님이나 사제가 될 필요까지는 물론 없다. 하지만 신앙을 갖고 정결하고 절실한 마음가짐으로 살다 보면, 타고난 사주의 약점들이 사라진다. 의미를 잃는다.

물리적인 이탈

회사를 관두고 갑자기 긴 여행을 떠나거나 낙향하는 사람들이 있다. 삶의 큰 줄기를 급격히 선회시킨 후에, 그들은 삶의 안정을 찾는다.

사주에 인생의 급격한 전환이 예고되고 새겨진 경우와는 다르다. 역마의 기미라곤 보이지 않는 사람인데 역마를 자처한다. 역마도 지역이 아니라 대륙을 바꿔 탈 정도의 역마다. 기약 없는 여행, 결연한 낙향도 그런 거대 역마의 범주에 속한다.

이건 말하자면 정해진 운명에 공간적 충격을 가하는 일이다. 고통이 수반된다. 이별을 견뎌야 하고, 외로움을 감수해야 하며, 낯선 세계의 냉대와 홀대를 이겨야 한다. 그게 5년이 될지 10년이 될지 모른다. 하지만 새로운 삶에 대한 육중한 타격을 어떻게든 견디고 나면, 새로운 삶이 찾아온다. 기왕에 갖고 있던 삶의 틀 자체가 부수어진다.

다시 죽음에 관한 명상

죽음에 관한 명상은 사주에 의해 주어진 내 삶의 윤곽을 파악하는 방법이었다. 그러나 삶의 윤곽선을 파악하는 것 자체가 삶의 한계를 무너뜨리는 일이기도 하다. 흘깃, 숨겨진 삶의 속내를 본 사람의 인생은 그 전과 달라질 수밖에 없다. 사람 자체가 달라졌기 때문이다.

아직 오지 않은 죽음을 통해 삶을 들여다보는 순간, 그 삶을 통해 '나'를 다시 규정하는 순간, 사주의 틀은 의미를 잃는다. 쉽지 않은 일이다. 하지만 자신의 최후까지 들여다보는 깊은 명상은 새로운 삶을 흔들어 깨운다.

스물아홉째 날 ─────────

행복한 시지프

스물 몇 살인가 되던 해 겨울 《시지프의 신화》를 읽었다. 《이방인》의 작가 알베르 카뮈(1913~1960)의 인생론 겸 철학서다. 카뮈라는 작가는 간결하면서도 웅숭한 문체로 젊은이들의 감성을 자극한다. 삶을 자극한다고 말해도 좋겠다. 매혹적인 카피와 잘생긴 작가의 얼굴이 담긴 그의 소설들을 피해 가기 힘들었다.

하지만 20세기 전반까지의 실존주의 철학을 집약해 에세이로 풀어낸 《시지프의 신화》는 읽기에 쉽지 않았다. 상당 부분을 이해 못 했다. 그래도 문장 두 개만은 잊히지 않았다. 하나는 책 초반에 나오는 질문이다.

자살에 이르는 논리가 있을까?

한 사람을 자살로 인도하는 논리적 경로가 있을 수 있느냐는 질문이다. 카뮈의 답은 "노!"였다. 논리적인 자살이란 있을 수 없다는 것이다. 삶을 포기할 수 있는 논리는 세상에 존재하지 않는다는 말이었다. 그러나 논리적이지 않더라도, 강력한 운명의 틈바구니가 견디기 어려울 때가 많다. 포기까지는 아니더라도 내 삶을 회피하려는 욕구는 분명히 있다.

그러나 카뮈는 이 부분에서도 다시 한번 "노!"라 답한다. 그러면서 책 마지막에 장엄하고 아름다운 어조로 그리스 신화 속 시지프의 모습을 되살린다.

시지프는 오이디푸스처럼 고대 그리스 신화의 인물이다. 공교롭게도 산에 버려진 오이디푸스가 우여곡절 끝에 도착해 왕자까지 된 바로 그곳, 코린토스라는 나라를 건설한 사람이 시지프다.

시지프는 신들을 농단할 정도의 지혜와 술수를 가진 인물이었다. 신들을 몇 차례나 속였으니 얼마나 큰 노여움을 샀겠나. 시지프는 신들에게 잡혀 벌을 받는다. 가파른 언덕 위로 바위를 굴려 올리는 형벌이다. 그는 그 바위를 있는 힘껏 언덕의 정상으로 올린다. 그러나 그 순간 바위는 언덕 아래로 다시 굴러떨어진다.

분노한 신들이 내린 형벌은 극악했다. 시지프는 바위를 다시 밀어 올려야 한다. 그리고 바위는 다시 떨어진다. 무한 반복이다. 이 저주스러운 운명을 그는 어떤 식으로 받아들였을까.

카뮈는 그 옛날 신화 속 시지프의 눈빛에서 엄청난 열정과 에너지를 보고 말았다. 자신의 고통을 있는 그대로 응시하며 이겨 내는 시지프에게서 진정한 인간의 모습을 발견했다. 자신의 운명과 맞서며 우뚝 서는 인간 승리를 보았다. 지금도 기억나는 카뮈의 마지막 문장은 너무나 간명하다.

우리는 행복한 시지프를 상상하지 않으면 안 된다

어려울 난(難)을 떠올리며

사주 공부의 중간에 '어려울 난(難)'을 얘기했다. 불교가 우리의 삶을 고(苦)라는 한 단어로 요약한다면, 공자의 유교는 그 삶을 난(難)이란 한 글자로 압축한다. 삶은 누구에게나 고해이며 난관이다.

삶은 괴롭고 어렵다. 운명은 씁쓸하다. 하지만 그런 운명을, 우호적이지 않은 나의 숙명을 온몸으로 떠안고 살아가는 것만큼 소중한 일은 없다.

그렇게 운명을 받아들이고 살아갈 때, 바로 그때 운명은 자신의 실체를 잃고 만다. 운명의 지배욕은, 지배의 대상이 더 이상 자신에게

굴욕을 느끼지 않을 때 사라진다.

그때 우리 모두 시지프가 된다. 어떠한 운명 속에서도 굳건한 자신을 발견한다. 그러나 너무 어려운 일이 아닐까. 초인(超人)이나 할 수 있는 일 아닐까.

죽음에 대해서, '명상'과는 약간 다른 차원에서 접근해 볼 필요가 있다. 살다 보면 여러 가지 어려운 일이 생기지만, 그중 가장 큰 게 죽음을 상상해야 하는 상황이다. 죽음에 대한 두려움은 어떠한 거인도 무너뜨린다.

그런데 인류의 문명사는, 그런 두려움에 어떻게 대응하는 게 가장 인간적인 방식인지 알려 준다.

문명사를 훑어보면, 불과 200~300년 전까지만 해도 굶주림에 대한 공포가 사라진 적이 없었다는 사실을 확인할 수 있다. 거의 모든 시기에, 사람들은 굶주림으로 인해 죽을 수도 있다는 두려움을 가지고 살았다. 그리고 실제로 굶어 죽을 만한 상황이 주기적으로 찾아왔다.

하지만 굶주림이 곧바로 죽음으로 연결되는 일은 많지 않았다. 물론 예외적인 경우도 있었겠지만, 사람들은 그런 상황들을 대부분 이겨 냈다. 이겨 낼 방법을 찾아냈다.

두려운 상황을 직면하고 극복하는 일이야말로 진정한 인간의 모습이란 사실을 인류의 역사는 반복적으로 보여준다. 굶주림이 극악한 상황으로 치달아도 사람들은 어떤 식으로든 견디고 이겼다. 삶을 이어 나갔다. 인류가 무수히 되풀이해 온, 지극히 '정상적'인 과정이다.

초인의 일이 아니란 얘기다. 죽음에 대한 두려움, 그 운명적이고 숙명적인 두려움을 이기고 살아 내는 것은, 인간적인 너무나 인간적인 일일 뿐이다. 운명이 내려 준 어떤 모진 상황도 극복하는 게 더 정상에 가깝다. 그게 사람들이 살아 온 행로였고, 살아가야 할 현실의 길이다.

사주로 대표되는 명리(命理)의 가장 큰 위로도 다르지 않다.

정해진 운명이 분명히 있다는 것, 그러나 그와 동시에, 그 운명이 아무리 잔혹하고 뛰어넘을 수 없다 해도 그 상황을 견디고 꿋꿋하게 살아남는 존재가 인간이라는 것…….

사주가 전하는 가장 강력한 메시지라 할 만하다.

사주는 연역이란 말을 두어 번 들려드린 것 같다. 사주 체계는 오행이라는 제1원리의 집요한 변주다. 경험을 모아 만든 귀납의 체계가 아니라, 자연의 순환에서 포착한 오행으로부터 실을 뽑아내듯 성격, 운명을 추론해 내는 시스템이다.

그런데 알아둘 게 있다. 위로만은 연역에서 나오지 않는다. 우리 인간의 앙상한 추리로는 사람들의 상심을 어루만지지 못한다. 눈물을 흘리며 밤거리를 헤매본 사람만이 타인을 위로한다. 버림받은 세월을 보내본 사람이 타인의 외로움을 감싸 안는다.

운명이 아무리 가혹해도 당신이 그 운명을 이겨내고 말리란, 사주의 위로는 그렇게 나왔다. 천 년이 넘는 세월을 통해 수많은 이들의, 헤아릴 수 없는 아픔을 만나면서 체득한 공감 같은 것이다.

사람은 운명보다 강하다.

사주의 내밀한 곳에 감추어진 궁극의 메시지다.

서른째 날

꽃들의 운명, 풀들의 운명

동백꽃의 결연한 죽음 앞에서 할 말을 잃는다. 시들 기색조차 없다가 어느 새벽 툭, 떨어지는 동백꽃의 낙하에 사람들은 망연하다. 그런 동백꽃을 두고 사람들은 '세 번 핀다'고들 말한다. 가지 위에서 한 번, 땅에 떨어져 한 번, 보는 이들의 마음속에서 한 번 더……. 동백꽃의 돌연한 죽음에 절정의 서사와 서정을 불어넣은 이는 문정희 시인이다.

나는 저 가혹한 확신주의자가 두렵다
가장 눈부신 순간에
스스로 목을 꺾는 동백꽃을 보라
지상의 어떤 꽃도

그의 아름다움 속에다

저토록 분명한 순간의 소멸을

함께 꽃피우지는 않았다

모든 언어를 버리고

오직 붉은 감탄사 하나로

허공에 한 획을 긋는

단호한 참수

나는 차마 발을 내딛지 못하겠다

_문정희 〈동백꽃〉 중에서

  동백꽃을 볼 때마다 운명을 생각한다. 돌연한, 그러나 결연하고 순정한 죽음으로 맺는 동백꽃의 생애는 어떤 것일까. 동백꽃과 같은 운명을 지닌 사람이 있을까. 그 사람의 삶은 어떤 무늬로 기억될까.

  동백꽃이 아니어도 우리 주위의 다양한 꽃들이 사람들의 고달픈 운명을 은유한다.
  목련은 어떤가.
  우아한 미색의 꽃송이는 가지 위에 몸을 꼿꼿하게 세운 상태로, 빠르게 늙어간다. 미동도 없이 갈색으로 타들어 가는 꽃의 속내를 우리는 모른다.

시들어 가는 목련을 보며 누군들 생로병사의 괴로움을 잊을 수 있을까. 우리도 한때 목련처럼 해맑았다. 우리도 언젠간 목련처럼 시들 것이다. 목련은 우리 삶의 언저리에서, 우리 삶을 미리 살고 위로한다. 시들어 가는 일의 애틋함을 온몸으로 보여준다.

벚꽃은 또 어떤가.

분홍빛 작은 꽃잎들의 무한 조합은 얼마나 아름다운지…….

두 사람의 생애, 그사이에 피어난 벚꽃이어라

에도 시대 하이쿠의 대가 마쓰오 바쇼(1644~1694)가 작디작은 벚꽃에서 두 사람의 생애를 발견한 것은 기적적이다. 두 사람 사이에 얼마나 진한 연분과 애틋함이 있었기에 해마다 봄이면 벚꽃들은 그렇게 흐드러질까.

벚꽃은 예고 없이 확 피어난다. 대규모 정전처럼 확 사라진다. 클라이맥스만을 보여주기로 작정한 듯하다. 피어나는 순간, 이미 절정이다. 그리고 단 며칠 만에 홀연히 사라진다. 전국의 콘크리트와 흙바닥을 화려한 점묘(點描)로 수놓는다.

홀가분한 죽음이다.

한 시대를 풍미하고는 바람 속으로 사라지는 나그네의 삶이 벚꽃에 아로새겨져 있다. 동백의 결연함도 아닌, 목련의 고단함도 아닌 그 무엇이 벚꽃의 죽음을 그리 홀가분하게 만들까. 자유롭고 덧없는 삶이다. 자유롭고 덧없는 삶은 좋은 삶일까.

 동백과 목련과 벚꽃의 각기 다른 삶, 각기 다른 죽음을 보며 잊지 않았으면 하는 게 있다. 꽃 피우지 못한 삶, 꽃 피우지 못한 죽음이 우리 곁엔 많다는 사실이다. 그런 삶과 죽음이 우리가 사는 세상의 거의 전부일지 모른다.
 많은 식물이 세상에 씨를 퍼뜨리지만, 모든 식물이 꽃을 통해 그리하는 건 아니다. 꽃은 오랜 진화를 통해 소수의 식물만이 지니게 된 생존 장치다.
 꽃 피우는 식물들은 화려한 꽃잎으로 곤충들을 유혹해 꽃가루(씨)를 퍼뜨린다. 꽃이 없는 식물들은 처절할 만큼 다양한 방법으로 자신들의 씨를 세상에 흩뿌려야 한다. 때론 불어오는 바람에만 의지해 사후의 생존을 도모하기도 한다. 무질서한 공기의 흐름에 자신의 운명을 내맡기는 건 무애(無碍)의 경지다.

 너무 먼 곳만을, 너무 높은 곳만을 쳐다보며 사는 건 아닌지 가끔 반성한다. 눈을 낮추어야 무릎 아래로 깔린 풀잎이 보인다. 크고 풍성한 나무들 발치에서, 널찍한 나뭇잎들이 흡수하고 남은 소량의 햇빛으로 힘겨운 삶을 지탱해 나가는 여린 풀잎들이다.

세상엔 그렇게 숨은 삶이 많다. 때론 짓밟히며 살아가는 삶도 있다. 그 삶까지가 우리 세상이다.

부디, 자기에게 주어진 운명을 사랑하기를…….

헛된 삶은 없다. 꽃들의 운명이 있고, 풀들의 운명이 있다. 그마저도 제각각이다.

부록

만세력으로 비교해 보는
12명의 사주

우리의 30일 사주명리 공부는 가볍게 시작해(도인과의 우연한 만남), 장중하게 끝났다(꽃들의 생애). 하지만 심각하지 않았으면 한다. 삶은 즐거워야 한다. 삶에서 태어난 사주, 운명도 홀가분한 마음으로 마주했으면 한다.

  짧은 부록을 마련했다. 30일간 공부한 사주를 실전에 적용해 보는 거다. 12명의 사주와 운명을 아주 흘깃만 들여다본다. 가상의 인물 12명은 모두 다른 달에 태어났다. 이름만 봐도 안다. 김일월 군, 김이월 양, 김삼월 군, 김사월 양……. 그러니까 이들의 이름엔 봄, 여름, 가을, 겨울 사계절이 아로새겨져 있다. 열두 사람의 사주는 열두 가지 시간의 얼굴이다.

  미니 해설이지만 기본적으로 세 가지 내용을 담는다.

  먼저 12명의 인물에게 일주에서 뽑아낸 별명을 선사할 거다. 예컨대 갑오일에 태어난 사람은 '푸른 말'이다. 열 개의 천간은 두 개씩 짝지어 저마다의 색을 갖는다. 열두 개의 지지엔 동물 하나씩이 배정된다.

갑을(청), 병정(적), 무기(황), 경신(백), 임계(흑)

자(쥐), 축(소), 인(호랑이), 묘(토끼), 진(용), 사(뱀), 오(말), 미(양), 신(원숭이), 유(닭), 술(개), 해(돼지)

'갑오'가 왜 푸른 말인지 이제 아셨을 거다. 일주에도 이름이 있지만, 태어난 해를 나타내는 연주에도 이름을 줄 수 있다. 새해만 되면 언론에서 얘기하는 그해의 이름은 그렇게 나온다. 2026년은 병오년, 붉은 말의 해다. 2027년은 정미년 붉은 양의 해다.

공부한 대로 일간-월지의 관계를 통해 열두 인물의 기본적 성향을 알아본다. 사주는 성격에서 직업, 운명까지 일관되게 끌고 나가는 이론 체계다. 한 사람의 기본 성향을 파악하는 게 가장 중요하다. 사실은 그게 사주의 전부다.

사주에 나타난 전체적인 오행의 분포와 특징을 통해 그들의 삶의 풍경을 그려보려 한다. 조금은 시적으로, 서정적으로……. 숫자와 법칙으로 가득해 건조한 삶은 즐겁지 않으니까.

자, 이제 열두 명의 삶을 간략하게 스케치할 일만 남았다. 그런데 그들 삶의 풍경을 알아보는 목적은 따로 있다. '내 삶'의 풍경을 알아보기 위해서다. 스마트폰이나 PC에서 만세력을 찾아 그들의 연월일시를, 그리고 나의 연월일시를 입력해 보며 따라가야 좋다. 그럼, 이제 김일월 군의 운명부터!

• 김일월 | 男 | 1991년 1월 15일 | 00시 30분

	생시	생일	생월	생년
천간	丙(병)	乙(을)	己(기)	庚(경)
십신	상관	비견	편재	정관
지지	子(자)	酉(유)	丑(축)	午(오)
십신	편인	편관	편재	식신

    을유일에 태어났으니, 푸른 닭이다. 일간 을은 가녀린 풀이다. 연약하지만, 쉽게 꺾이지 않는다. 풀은 바람보다 빨리 눕고, 바람보다 빨리 일어난다고 하던가. 잡초는 거목보다 강하다. 일간 을이 월지 축을 만나면 무슨 일이 벌어질까. 편재의 성향을 얻는다. 편재는 돈과 관련된다. 그런데 월급쟁이(정재)와는 다르다. 크게 벌고 크게 잃는다. 이지러진 달이 보름달로 변하는 순간이 있다. 하지만 달콤한 유혹을 조심해야 한다.

• 김이월 | 女 | 1992년 2월 10일 | 02시 30분

	생시	생일	생월	생년
천간	己(기)	丙(병)	壬(임)	壬(임)
십신	상관	비견	편관	편관
지지	丑(축)	辰(진)	寅(인)	申(신)
십신	상관	식신	편인	편재

병진일에 태어나 붉은 용이다. 병(일간)은 활활 타오르는 불이다. 열정으로 주위를 압도하지만, 급속히 풀이 죽기도 한다. 다혈질은 우울의 이면이다. 월간으로 인을 만났다. 편인이다. 편인은 지혜롭지만, 왠지 모르게 치우친 성격이다. 직감이 뛰어나지만, 내향적이고 고집이 세다. 용이 하늘로 치솟으며 구름이 요동치지만, 곧이어 비 내리고 잠잠해진다.

• 김삼월 | 男 | 1989년 3월 22일 | 04시 30분

	생시	생일	생월	생년
천간	庚(경)	辛(신)	丁(정)	己(기)
십신	겁재	비견	편관	편인
지지	寅(인)	巳(사)	卯(묘)	巳(사)
십신	정재	정관	편재	정관

신사일에 태어났으니 흰 뱀이다. 신(일간)은 예리한 칼날이다. 민감하고 예민한 성향을 타고났다. 자신은 의식하지 못하지만, 주위 사람들은 단번에 깊게 베일 수 있다. 월지가 묘이니 김일월 군과 같은 편재의 성향이다. 하지만 예리한 칼날(삼월)의 편재가 가녀린 풀(일월)의 편재와 같을 리 없다. 원만하려고 노력해야 한다. 가끔은 주위 사람들과 떨어져 혼자 있어야 세상이 평화롭다.

• 김사월 | 女 | 1990년 4월 18일 | 06시 30분

	생시	생일	생월	생년
천간	乙(을)	癸(계)	庚(경)	庚(경)
십신	식신	비견	정인	정인
지지	卯(묘)	丑(축)	辰(진)	午(오)
십신	식신	편관	정관	편재

계축일에 태어나 검은 소다. 계(일간)는 졸졸 흐르는 시냇물이다. 은근하게 주위를 적셔준다. 어두운 밤 들리는 시냇물 소리는 위대한 명상의 재료다. 계곡의 급류처럼 티 내지 않지만, 바다에 이를 때까지 쉬지 않는다. 계 일간이 진 월지를 만나 정관을 표출했다. 자기 통제에 능하다. 차분한 직장 생활이 가능한 사람이다. 만 리에 걸쳐 구름이 없다. 바다와 하늘이 멀리까지 푸르다.

• 김오월 | 男 | 1987년 5월 10일 | 08시 30분

	생시	생일	생월	생년
천간	丁(정)	己(기)	乙(을)	丁(정)
십신	편인	비견	편관	편인
지지	卯(묘)	未(미)	巳(사)	卯(묘)
십신	편관	비견	정인	편관

기미일에 태어나 황금 양이다. 기(일간)는 비옥한 토지다. 풍부한 잠재력을 지녔다. 나를 또 주변 사람들을 위해 희생할 준비가 돼 있다. 세상을 살면서 그만한 미덕이 있을까. 월지 사를 만나면서, 미덕을 강화한다. 정인의 격을 얻었으니 말이다. 정인은 남을 위해 살 줄 안다. 지혜롭다. 맑은 바람, 밝은 달 아래서 좋은 사람과 술잔을 나눌 자격이 있는 사람이다.

· 김유월 | 女 | 1986년 6월 25일 | 10시 30분

	생시	생일	생월	생년
천간	辛(신)	庚(경)	甲(갑)	丙(병)
십신	겁재	비견	편재	편관
지지	巳(사)	子(자)	午(오)	寅(인)
십신	편관	상관	정관	편재

경자일에 태어났으니 흰 쥐다. 경(일간)은 신(예리한 칼)과는 다르게 육중한 바위에 가깝다. 제 몸속에 갖가지 금속의 성분을 품었다. 속으로, 속으로 채찍질하고 단련해 천년을 가는 묵직함이다. 월지 오를 만나며 오롯하고 바른 정관의 품성을 얻었다. 이 믿음직한 사람을 뭐라 표현해야 좋을까. 용과 호랑이가 한자리에 걸터앉으니, 사방에서 훈훈한 바람이 인다.

• 김칠월 | 男 | 1985년 7월 14일 | 12시 30분

	생시	생일	생월	생년
천간	庚(경)	甲(갑)	癸(계)	乙(을)
십신	편관	비견	정인	겁재
지지	午(오)	寅(인)	未(미)	丑(축)
십신	상관	비견	정재	정재

갑인일에 태어나 푸른 호랑이다. 갑(일간)은 차분히 자신을 키워가는 아름드리나무다. 소리 없이, 쉼 없이 하늘로 치솟는 나무의 미덕은 말로 다 표현할 수 없다. 적절한 토양까지 얻었다. 월지 미를 만나며, 정재의 품격을 갖췄다. 큰 부자가 되기에 모자람 없다. 티끌을 모아 태산을 이룰 운명이다.

• 김팔월 | 女 | 1993년 8월 19일 | 14시 30분

	생시	생일	생월	생년
천간	丁(정)	壬(임)	庚(경)	癸(계)
십신	정재	비견	편인	겁재
지지	未(미)	申(신)	申(신)	酉(유)
십신	정관	편인	편인	정인

임신일에 태어나 검은 원숭이다. 임(일간)은 유장한 강, 광활한 바다다. 거대한 배를 띄울 수 있다. 그리고 그 배를 순식간에 뒤엎을 수도 있다. 적절한 기회와 사람만 주어지면, 역사의 흐름을 바꿀 만한 힘이다. 그러나 힘을 조심스럽게 써야 한다. 월지 신을 만나 편인의 형국을 얻었다. '편'은 안정적이지 못할 때가 많다. 하룻밤 광풍에, 피었던 꽃이 한꺼번에 떨어질 수도 있다.

• 김구월 | 男 | 1984년 9월 16일 | 16시 30분

	생시	생일	생월	생년
천간	庚(경)	癸(계)	癸(계)	甲(갑)
십신	정인	비견	비견	상관
지지	申(신)	丑(축)	酉(유)	子(자)
십신	정인	편관	편인	비견

계축일에 태어나 검은 소다. 검은 소는 황소에 비해 다부지다. 의중을 잘 드러내지 않는다. 계(일간)는 작은 물줄기로 세상을 유영하는 시냇물이다. 바로 옆 월간에도 계수(癸水)가 있어 외로울 일이 없다. 월지 유를 만나면서 편인의 형국을 이뤘다. 가녀린 물줄기가 때로 사나워질 수도 있겠다. 뜻밖에 이름을 크게 떨칠 수 있지만, 남들과 다툴 일도 많다.

• 김시월 | 女 | 1995년 10월 8일 | 18시 30분

	생시	생일	생월	생년
천간	己(기)	壬(임)	乙(을)	乙(을)
십신	정관	비견	상관	상관
지지	酉(유)	申(신)	酉(유)	亥(해)
십신	정인	편인	정인	비견

우리의 김팔월처럼 임신일에 태어나 검은 원숭이다. 일간(임)도 같으니 당연히 비슷한 성향, 운명일까. 월지로 유를 만나니 정인을 얻는다. 편인의 팔월에 비해, 정인의 시월은 훨씬 안정적이다. 지혜롭고 다른 사람들을 위할 줄도 안다. 사주란 게 이렇게 미묘하게 삶의 양상을 다르게 한다. 시절에 따라 인연을 소중하게 여기니 가는 곳마다 영화로움이 있다.

• **김십일월** | 男 | 1979년 11월 12일 | 20시 30분

	생시	생일	생월	생년
천간	壬(임)	癸(계)	乙(을)	己(기)
십신	겁재	비견	식신	편관
지지	戌(술)	未(미)	亥(해)	未(미)
십신	정관	편관	겁재	편관

계미일에 태어나 검은 양이다. 일간 계는 요란하지 않게, 쉼 없이 흐르는 물이라 했다. 조용한 물의 기운이지만 월지로 다시 물의 기운을 만나며 겁재의 형국을 이룬다. 사주에서 겁재는 비견과 함께 독립심을 뜻하지만, 그 정도에 있어 치열하다. 재물을(재) 겁탈한다(겁)는 강렬한 이름처럼 태생적으로 강한 승부욕을 가졌다. 의욕만큼은 물에 들어가도 빠지지 않고, 불에 들어가도 상하지 않는다.

• 김십이월 | 女 | 1981년 12월 21일 | 22시 30분

	생시	생일	생월	생년
천간	癸(계)	癸(계)	庚(경)	辛(신)
십신	비견	비견	정인	편인
지지	亥(해)	酉(유)	子(자)	酉(유)
십신	겁재	편인	비견	편인

계유일에 태어나 검은 닭이다. 계의 일간으로 고요한 물의 흐름을 좇는다. 월지로 십일월처럼 물을 만났지만, 물의 성질이 다르다. 비견의 품격을 얻으며 독립적인 성향을 높인다. 고고하고 우아하다. 주역에서 말하는 독립불구 둔세무민(獨立不懼 遯世無悶)의 삶이다. 혼자여도 두려워하지 않고, 숨어 살아도 번민하지 않는다.